楚风汉韵

——長沙市博物館藏鏡

长沙市博物馆 编著

文物出版社

封面设计　张希广
责任印制　张道奇
责任编辑　李克能　于炳文

图书在版编目（CIP）数据

　楚风汉韵：长沙市博物馆藏镜/长沙市博物馆编著.
—北京：文物出版社，2010.12
　ISBN 978−7−5010−3033−0

　Ⅰ.①楚… Ⅱ.①长… Ⅲ.①古镜−铜器（考古）−中
国−战国时代~清代−图集　Ⅳ.① K875.22

　中国版本图书馆CIP数据核字（2010）第184531号

楚风汉韵——长沙市博物馆藏镜
长沙市博物馆　编著
王立华　邱东联　主编

文物出版社出版发行
北京市东直门内北小街2号楼
邮政编码：100007
http：//www.wenwu.com
E-mail：web@wenwu.com
北京燕泰美术制版印刷有限责任公司印刷
新华书店经销
889 × 1194　　1/16　　　　印张：17
2010年12月第1版　　　　2010年12月第1次印刷
ISBN　978−7−5010−3033−0　　定价：298.00元

目 录

content

序　高至喜 ··· 7

Preface

长沙市博物馆馆藏铜镜综述　王立华　李梦璋 ························· 13

Summarization of the Mirror Collection of Changsha Municipal Museum

---

中国古代铜镜及其思想文化概论　邱东联　潘钰 ····················· 22

Introduction to Bronze Mirrors of Ancient China and Related Ideology and Culture

---

灵秀清奇的楚式（战国）铜镜 ··· 1

The Delicate and Elegant —— Chu (Warring States Period) Bronze Mirrors

---

以形象天的西汉铜镜 ··· 51

Visualization of Heaven —— Bronze Mirrors of Western Han Dynasty

---

承前启后的新东汉三国六朝铜镜 ····································· 95

Link between the Past and Future —— Bronze Mirrors of Xin, Eastern
Han Dynasties, Three Kingdoms Period, and Six Dynasties

活色生香的隋唐五代铜镜 ··· 157

Lively with Colors —— Bronze Mirrors of Sui, Tang and Five Dynasties

---

走向衰亡的宋元明清铜镜 ··· 201

The Last Afterglow —— Bronze Mirrors in Song, Yuan, Ming, and Qing
Dynasties

图版目录

1. 羽翅地纹铜镜 …………………… 3
2. 云锦地纹铜镜 …………………… 4
3. 羽翅地四山纹铜镜 ……………… 6
4. 羽翅地四山纹铜镜 ……………… 8
5. 羽翅地四山八叶纹铜镜 ………… 9
6. 羽翅地四山八叶纹铜镜 ………… 10
7. 羽翅地四山八叶柿蒂纹铜镜 …… 11
8. 羽翅地四山八叶四柿蒂纹铜镜 … 12
9. 羽翅地四山十二叶纹铜镜 ……… 13
10. 羽翅地四山十二叶纹铜镜 ……… 14
11. 羽翅地十叶五山纹铜镜 ………… 17
12. 羽翅地折叠式菱形纹铜镜 ……… 18
13. 羽翅地折叠式菱形纹铜镜 ……… 19
14. 云锦地四龙纹铜镜 ……………… 20
15. 云锦地三龙纹铜镜 ……………… 21
16. 云锦地三龙纹铜镜 ……………… 22
17. 云锦地四龙纹铜镜 ……………… 23
18. 云锦地三龙纹铜镜 ……………… 24
19. 云锦地三龙纹铜镜 ……………… 25
20. 云锦地变形四龙纹铜镜 ………… 26
21. 云纹地四龙纹铜镜 ……………… 27
22. 云锦地二龙纹铜镜 ……………… 28
23. 云锦地四龙纹铜镜 ……………… 29
24. 云锦地连弧四龙纹铜镜 ………… 30
25. 云锦地龙凤纹铜镜 ……………… 31
26. 云锦地三龙纹铜镜 ……………… 32
27. 卷云地三龙纹铜镜 ……………… 35
28. 云雷地兽纹铜镜 ………………… 36
29. 羽翅地变形四兽纹铜镜 ………… 37
30. 羽翅地四兽纹铜镜 ……………… 38
31. 羽翅地四叶纹铜镜 ……………… 39

32. 四叶飞鸟龙凤纹铜镜 …………… 41
33. 云锦地四叶纹铜镜 ……………… 42
34. 十连弧纹铜镜 …………………… 43
35. 云锦地连弧纹铜镜 ……………… 44
36. 云雷地连弧纹铜镜 ……………… 45
37. 云雷地连弧纹铜镜 ……………… 46
38. 素面弦纹铜镜 …………………… 48
39. 云锦地"大乐贵富"四叶龙纹铜镜 …… 52
40. 云锦地"大乐贵富"龙纹铜镜 …… 54
41. 云锦地"大乐贵富"四叶龙纹铜镜 … 55
42. 云锦地四叶龙纹铜镜 …………… 56
43. 云锦地大乐贵富博局蟠螭纹铜镜 … 58
44. 云锦地双龙连弧纹铜镜 ………… 60
45. "见日之光"连弧纹铜镜 ………… 61
46. "见日之光"连弧纹铜镜 ………… 62
47. "日有熹"连弧纹铜镜 …………… 63
48. "清白"连弧纹铜镜 ……………… 64
49. "铜华"连弧纹铜镜 ……………… 66
50. "长宜子孙"连弧纹铜镜 ………… 68
51. "日光"、"昭明"重圈铭文铜镜 … 69
52. "日光"、"昭明"重圈铭文铜镜 … 70
53. "清白"连弧纹铜镜 ……………… 71
54. "昭明"连弧纹铜镜 ……………… 72
55. "昭明"连弧纹铜镜 ……………… 74
56. "昭明"连弧纹铜镜 ……………… 75
57. 铺首钮花叶纹铜镜 ……………… 76
58. 花叶连弧纹铜镜 ………………… 78
59. 博局草叶连弧纹铜镜 …………… 79
60. "见日之光"草叶连弧纹铜镜 …… 80
61. "见日之光"草叶连弧纹铜镜 …… 81
62. "日有熹"草叶连弧纹铜镜 ……… 82

63．四乳四虺纹铜镜 ·······················84

64．四乳四虺纹铜镜 ·······················86

65．四乳禽兽纹铜镜 ·······················87

66．四乳禽兽纹铜镜 ·······················88

67．四乳云龙连弧纹铜镜 ···············89

68．四乳"家常贵富"铭文铜镜 ········90

69．星云连弧纹铜镜 ·······················91

70．星云连弧纹铜镜 ·······················92

71．"长宜子孙"连弧云雷纹铜镜 ·····96

72．"长宜子孙"连弧云雷纹铜镜 ·····97

73．"长宜子孙"连弧云雷纹铜镜 ·····99

74．"长宜子孙"连弧云雷纹铜镜 ···100

75．"尚方"十二辰博局纹铜镜 ·······101

76．"尚方"十二辰博局纹铜镜 ·······102

77．飞鸟博局纹铜镜 ·····················104

78．"尚方"四神博局纹铜镜 ···········105

79．"广方"四神博局纹铜镜 ···········106

80．"尚方"四神博局纹铜镜 ···········107

81．"汉有善铜"博局纹铜镜 ···········108

82．"尚方"四神博局纹铜镜 ···········110

83．"尚方"四神博局纹铜镜 ···········111

84．"侯氏"六乳鸟纹铜镜 ···············112

85．五乳鸟纹铜镜 ·························113

86．"乐如侯王"四神博局纹铜镜 ·····114

87．禽兽博局纹铜镜 ·····················116

88．四神博局纹铜镜 ·····················117

89．"尚方"四乳纹铜镜 ···················118

90．四神博局纹铜镜 ·····················119

91．"新佳镜"四神博局纹铜镜 ·········120

92．"新有"四神博局纹铜镜 ···········122

93．四兽博局纹铜镜 ·····················123

94．简化博局纹铜镜 ·····················124

95．"陈氏"龙虎纹铜镜 ···················125

96．"尚方"龙虎纹铜镜 ···················126

97．"李氏"龙虎纹铜镜 ···················128

98．"黄氏"仙人龙虎纹鎏金铜镜 ·····129

99．"侯"氏双龙纹铜镜 ···················130

100．龙虎纹铜镜 ···························132

101．五铢龙纹铜镜 ·······················133

102．"王氏"神兽纹铜镜 ·················134

103．变形四叶四龙纹铜镜 ···········135

104．变形四叶四龙纹铜镜 ···········136

105．变形四龙纹铜镜 ·················137

106．"尚方"七乳禽兽纹铜镜 ·········138

107．"尚方"四神纹铜镜 ·················139

108．"杜氏"神兽纹铜镜 ·················140

109．"三羊"神兽连弧纹铜镜 ·········143

110．"位至三公"变形四叶纹铜镜 ···144

111．"长宜子孙"连弧纹铜镜 ·········145

112．"长宜子孙"四叶四龙纹铜镜 ···146

113．"正月午日"神人神兽画像铜镜 ·····148

114．"郑氏"神人神兽画像铜镜 ·······150

115．"尚方"神人龙虎画像铜镜 ·······152

116．"君宜高官"神人半圆方枚神兽画像铜镜 ··· 154

117．四兽纹铜镜 ···························155

118．博局瑞兽纹铜镜 ·················158

119．"玉匣"瑞兽纹铜镜 ·················160

120．素面铜镜 ·····························161

121．花卉蝴蝶纹铜镜 ·················162

122．蟠龙纹铜镜 ·························164

123．蟠龙纹铜镜 ·························165

124．双凤纹铜镜 ·························166

125．蜻蜓花卉纹铜镜 ·················167

126．菱花形四雀花枝纹铜镜 ·············168

127．菱花形花鸟纹铜镜 ···············169

128．菱花形飞禽奔兽纹铜镜 ·············170

129．菱花形四仙骑纹铜镜 ··············171

130．葵花形双鸾纹铜镜 ···············172

131．葵花形双鸾纹铜镜 ···············174

132．葵花形八花枝纹铜镜 ··············175

133．葵花形花鸟纹铜镜 ···············176

134．葵花形四花纹铜镜 ···············177

135．缠枝葡萄纹铜镜 ················178

136．缠枝葡萄纹铜镜 ················179

137．缠枝葡萄纹铜镜 ················180

138．缠枝葡萄纹铜镜 ················181

139．海马葡萄纹铜镜 ················182

140．海马葡萄纹铜镜 ················183

141．海马葡萄纹铜镜 ················184

142．海马孔雀葡萄纹铜镜 ··············186

143．葵花形十二生肖八卦纹铜镜 ··········188

144．方形"千秋万岁"八卦纹铜镜 ·········189

145．方形星宿八卦纹铜镜 ··············190

146．"亞"字形"许由洗耳，巢父饮牛"铜镜···192

147．方形龙纹铜镜 ·················194

148．"亞"字形"千秋万岁"铭文铜镜 ······195

149．"都省铜坊"铭文铜镜 ············196

150．葵花形双凤纹铜镜 ··············198

151．折枝花卉纹铜镜 ················199

152．龙凤纹铜镜 ··················202

153．带柄凤纹铜镜 ·················203

154．葵花形仙人龟鹤同春纹铜镜 ··········204

155．菱花形抚琴人物纹铜镜 ············205

156．人物故事纹铜镜 ················206

157．菱花形四神八卦纹铜镜 ············207

158．葵花形四神八卦纹铜镜 ············208

159．菱花形十二属五行八卦纹铜镜 ·········209

160．葵花形飞仙花卉纹铜镜 ············210

161．葵花形飞仙花卉纹铜镜 ············211

162．花卉纹铜镜 ··················212

163．葵花形"子善"飞仙花卉纹铜镜 ·······213

164．蝴蝶莲花纹铜镜 ················214

165．葵花形"湖州"铭纹铜镜 ··········215

166．"亞"字形铭文铜镜 ·············216

167．"湖州真石三十郎"铭文铜镜 ········217

168．"应物无心如彼妍丑"铭文铜镜 ·······218

169．盾形篆经双剑纹铜镜 ·············219

170．菱花形"千秋金鑑"铭纹铜镜 ········220

171．双凤花卉纹铜镜 ················222

172．"五子登科"铭文铜镜 ···········223

173．"洪武二十二年"云龙纹铜镜 ········224

174．"仲明"铭文铜镜 ··············226

175．带柄龙纹铜镜 ·················227

176．人物八宝纹铜镜 ················228

177．花钱纹铜镜 ··················230

178．"宝"字花鸟纹铜镜 ············231

179．方形"方正而明"铭文铜镜 ·········232

180．带柄双喜五福纹铜镜 ·············233

181．仿东汉四乳龙虎纹铜镜 ············234

182．仿西汉"见日之光"铭文铜镜 ········235

序

长沙市博物馆对藏品的征集、整理、保护、研究，取得了显著成绩。2007 年 10 月以来，已编辑出版有《长沙馆藏文物精华》、《长沙市文物征集集锦》等书。现在《楚风汉韵——长沙市博物馆藏镜》又已编撰完成，准备出版，嘱余作序。其实我对铜镜缺乏深入研究，要我作序，有点勉为其难。当我读完书稿之后，觉得此书写出了新意，编出了新水平，推出了新材料，我应该写几句话，向读者推荐。

《楚风汉韵——长沙市博物馆藏镜》收入该馆从战国至清代铜镜近两百面，是从馆藏 400 多面铜镜中精选出来的，按时代划分为楚式镜、西汉镜、新东汉三国六朝镜、隋唐五代镜、宋元明清镜五大部分。前面有两篇重要文章，一篇是《长沙市博物馆藏铜镜综述》，对所收藏的铜镜进行了类型式的划分和扼要论述。另一篇是《中国古代铜镜及其思想文化概论》，"对中国古代铜镜的发展历史及其蕴含在铜镜中的思想文化进行了剖析和总结"，"从宏观上展示出铜镜的思想文化发展脉络"，这是一篇比较系统深入地对中国古代铜镜的发展历史、社会背景和思想文化等方面做简明扼要论述的论文，其中有很多精彩和引人入胜之处。

如在论述"清奇灵秀的楚式铜镜"时，作者不但阐明了楚式镜产生、发展和繁荣的时代背景，铸造、装饰的工艺，还论证了战国中晚期长沙已成为楚式镜的铸造中心，"楚镜在中国古代铜镜史上的崇高地位"，对楚镜的艺术风格做出了生动的描述："在楚式镜中，草叶的生机，山字的旋动，龙的威严，凤的柔美，鹿的神明，兽的攀援，猿的跳跃，菱形纹的空旷，连弧纹的和谐，以及经糅合创造而形成的对峙、环绕、追逐等排列布局的图案，精致而完美地展示在楚人朝夕相伴的铜镜中，目的在于传承文明与文化，展示精神与思想，企求幸福和美好"。

又如在对"以形象天的汉代铜镜"一节中，作者首先将汉代铜镜的发展分为三个阶段，一是模仿楚镜的风格与布局，初步出现铭文的阶段；二是各种纹饰与布局的尝试阶段；三是纹饰风格的大一统阶段。这一划分是符合实际和准确的。

接着，作者又对汉初流行模仿楚镜的问题进行了分析，认为是"有无法避免的历史与现实的原因"：一是楚镜精致绝伦的制造工艺；二是西汉建立之初，国力衰竭，民生凋敝。这样的分析是合情合理的。文中指出汉镜"开始有独立的特色，始于铭文镜的出现"，并着重分析了汉镜铭文"对揭示当时一般人的思想有着极大的映射作用"，铭文除宣扬和暗喻铜镜本身的"日光"、"清白"、"昭明"、"铜华"等镜铭文之外，很多是对"长生的期盼"、是"对的世俗幸福的羡慕与希望"，是"升仙思想"、"延续子孙"和"民族与国家观念的形成"的反映。

在"海纳百川——活色生香的隋唐铜镜"一节中，指出隋代铜镜纹饰"以求美观与赏心悦目的做法占据了主流"而进入了一个新的时代，论述了佛教和道教对铜镜的影响，认为"宏大恢张、海纳百川的盛唐气象，使唐代铜镜不拘一格，在形制、纹饰、铸造方法上都有极大的发展，将宗教因素、民间文化融为一体，这才把源远流长的铜镜工艺，推向了最后的高峰"。文中诸如此类的精辟论述甚多。

《楚风汉韵——长沙市博物馆藏镜》一书，在编排和撰写的说明词上有下列特点：

目前图书市场上关于铜镜的镜谱、选集、图录、图典等甚多，不少仅仅是一般的介绍铜镜的来源和尺寸，刊发一张照片或者一张拓片的复印件，就算"新的著作"，有的甚至真伪不分。而本书所选铜镜都较精美，不但有照片，而且有清晰的拓片，实在不能拓片的也绘有线图，尽量为读者阅读和进一步研究的提供方便。在编排上也处处为读者着想，把照片、拓片和文字置于同一个版面。

本书的图版文字说明，也与一般的图录不同。首先是每件铜镜不但有精确的大小尺寸，而且每件都有重量，这是很多图录中所没有的。其次是描述细致，力求准确。第三是有大量对纹饰和铭文的考释，总数达 50 余条。

如在纹饰考释方面，考证了战国羽翅纹的来源，山形纹是古代蛙纹演变而来的；论述了西汉铜镜中鹿纹的出现与西汉长安上林苑中饲养或者狩猎鹿的活动有关；还有汉代关于羽人、六博、唐代鸾凤纹、宝相花纹、葡萄纹、十二生肖、八卦纹、星宿纹，以及"许由洗耳"、"巢父饮牛"等纹饰均有说明和考释。在铭文方面，对汉代的"尚方"、"青盖"、"昭明"、"东王公"、"西王母"，隋唐的"玉匣"、"开镜"、"秦王镜"等都有明白、清楚的解释。

由于编写者工作的认真和观察的细致，纠正了有关铜镜的一些错误。如在西汉"见日之光"连弧缘草叶纹铜镜的镜缘内侧找到一圈范痕，指出了一般以为是"细弦纹"之误；还指出西汉铺首钮花叶纹铜镜应为铺首钮，而非以往所称的"三弦钮"，此镜中常被称为"乳钉"纹者，实为"凹面圆点"。

本书编著者经过对馆藏铜镜的整理、研究，并与各地出土和收藏的铜镜作了对比，得出了一些新的认识，特别是对一些铜镜演变轨迹的了解，有利于对铜镜的断代。如在"见日之光"连弧纹铜镜的说明中指出："它出现于汉武帝初年，流行于西汉中晚期，以及王莽时期，个别可晚到东汉早期"。

作者还指出铭文中出现较多的"而"字，"时代属西汉晚期"；"镜背有龟裂纹的铜镜，为五代时期所铸"；宋代凡铸刻"镜子"二字，或既铸"镜子"，又有"照子"字样的湖州镜，是南宋绍兴三十二年（1162 年）至绍熙元年（1190 年）间的产品。

本书所收录的铜镜主要品种基本齐全，有些铜镜虽然是很常见的，如西汉时期的四乳四虺纹镜，指出其出土数量大，分布地点广，并列举洛阳、吉林、青海、广州等地出土四乳四虺纹镜的数量，"基本囊括了汉代疆域的全境"，这样将一些很普通的镜子写出了新意。值得一提的是，书中收录了一些少见的或铸造甚精的铜镜，如有战国云锦地龙凤纹镜（三龙一凤）、东汉"吕尹"镜、"三羊作"神人禽兽画像镜、唐蜻蜓花卉纹镜、元"胡东有作"双凤花卉纹镜等，都是难得一见的珍品。

本书把馆藏文物图录的编著提高到了一个新的水平，提供了一种新的范例，但也并非十全十美，编撰水平还可以继续提高，如书中的铜镜时代还定得较为笼统，有的纹样的定名释读还可以商榷，有的铜镜的定名体例还不够一致等。但瑕不掩瑜，这是一本很有用处的好书，可以作为文物工作者、文物收藏者、文物爱好者和其他读者的参考书籍，特予推荐。

高至喜

二〇〇九年八月于长沙

（作者系湖南省博物馆原馆长、研究员，国家文物鉴定委员会青铜器鉴定委员）

Preface of Quintessence of Bronze Mirror Collection of Changsha Municipal Museum

Changsha Municipal Museum has made remarkable achievements in collecting, sorting, preserving and studying relic items. Since October, 2007, the Museum has published several books such as Choice Collection of Changsha Museum, and Collection Highlights of Cultural Relics Items Preserved in Changsha. Now as the compilation of Quintessence of Bronze Mirror Collection of Changsha Municipal is finished and the book is ready for publication, I has been honored with the task to write a preface for it. Honestly I am not an expert on bronze mirrors and worried it would be a task beyond my ability. After reading the book, however, I am amazed by the freshness of its contents and the originality of its composition, and hence feel obliged to recommend it to readers.

The book introduces to readers 183 pieces of bronze mirrors produced during the period from the Warring States Period to Qing Dynasty and cherry-picked from over 400 pieces of the museum's total mirror collection. According to the different times the mirrors belong to, the book is divided into five parts: Chu mirrors, Western Han mirrors, mirrors of New Eastern Han,Three Kingdoms and Six Dynasties, mirrors of Sui Dynasty, Tang Dynasty and Five Dynasties, and mirrors of the period from Song Dynasty to Qing Dynasty. The book starts with two articles,"Summary of Bronze Mirror Collection of Changsha Municipal Museum" and "An Introduction of Ancient Chinese Bronze Mirrors and Related Ideology and Culture," which "analyze and summarize the history as well as the ideological and cultural significance of ancient Chinese bronze mirrors" and "present on macro scope level the development trace of bronze mirror culture."

Being brief and to the points, this book is the first that has made a systematic and in-depth analysis of the history, social background, ideology and culture of ancient Chinese bronze mirrors and is full of brilliant and intriguing chapters.

For example, in the chapter of "The Elegant Chu Mirrors," not only are there introductions of the historical background of the creation, development and popularity of the mirrors, the molding techniques and decoration crafts, Changsha the historical manufacture center in the middle and later periods of the Warring States, and Chu mirrors'superior position in China's bronze mirror history, but also a vivid description of the mirrors'art style: "on Chu mirrors, embossments were carved in pairs or circles or end to end with patterns of luxuriant plant, curved strokes of the Chinese character Shan (Shan （山） literally means hill or mountain in Chinese), majestic dragon, delicate phoenix, sedate deer, climbing monkey, jumping ape, diamond-shaped lines or arc lines. Those designs fully display the spirit and culture of ancestors inherited by Chu people and the pursuit of happiness and fineness. "

In the chapter of "Han Mirrors — the Visualization of Heaven," the development of Han mirrors is divided into three stages. In the first stage, Han people copied the style and layouts of Chu mirrors and started using inscription on mirror; in the second stage, different embossments of lines and layouts were tried; the last stage saw the unification of the styles in ornamental design. Such division is reasonable and appropriate in consideration of the history.

Also discussed is why people copied the style of Chu mirror in the early years of Western Han Dynasty. The compilers believe, from a good point of view, there were unavoidable historical and realistic reasons behind such copying: first it was the attraction of fine artistic craftsmanship of Chu mirror; second, at the start of Western Han Dynasty, the country was destitute, not yet recovered from the aftermath of civil turmoils. Such analysis is both logical and sensible. In the book it is pointed out that "Han mirrors started to have their own features, namely, inscriptions," and specially analyzed are the inscriptions which "to a profound degree reflect common people's thoughts by then."The inscriptions are varied in meaning, some praising the brightness and pureness of the mirrors and some expressing good wishes for longevity, worldly happiness, immortality, family prosperity, or, opinions on the formation of nationality and nation.

In the chapter of "Receptive and Diversified—the Lively-Colored Mirrors of Sui and Tang Dynasties," we could learn that embossments and inscriptions were made mainly for esthetic purpose as the trend was then to make mirrors more pleasing to the eye. That period marked a new era for mirrors. Also discussed in the same chapter is the influence of Buddhism and Taoism on mirrors. "The open and receptive attitude of mirror industry then in the prime time of Tang Dynasty brought diversification and variations to the patterns of bronze mirror and profound progress was made in manufacturing, decorating and molding; the mirrors were a harmonious combination of religions and folk culture and had reached an unprecedented level of advanced craftsmanship." The book is brimming with such insightful remarks.

The book also boasts quite a few unique features in its content arrangement and commentary. So far we have seen many books on mirror spectrum, gleanings, antique catalogues, picture dictionary, and others mirror-related subjects. Although claimed to be of new study results, most of those books contain nothing more than basic information of the mirrors, such as their excavation site, size, appearance, or a copy of their ink rubbings. In some books fake antique mirrors are even mistaken for genuine ones. But this book brings into readers' view delicate pictures of those bronze mirrors and their ink rubbings, or drawing lines when rubbings are unavailable. What's more, pictures, ink rubbings and text of the same piece are put on the same page to make it easy for understanding.

The commentaries for pictures in this book also distinguish it from others of its category. First of all, readers are not only told the precise size but weight of the mirrors, the information of which is seldom provided in most antique catalogues; second, the commentaries provide detailed and accurate descriptions of the mirrors; third, there are over 50 entries of philological study on decorations and inscriptions.

In the book it is verified that the origin of feather wing pattern dates back to the Warring States Period, and the mirrors with the character Shan were inspired by ancient frog pattern; the deer pattern, per analysis, relates to the deerstalking in national park or stag breeding in Western Han Dynasty. There are also explanations and philological study for various patterns such as feathered men (The immortal capable of flight in ancient mythology), six-throwing-chopstick board game set, imagined image of male phoenix and female phoenix in Tang Dynasty, composite flowers, grapes, Chinese zodiac, the eight trigram, constellation , and scenes in stories of Xuyou(An ancient wise man who was famous for his determination to retreat from ruling ranks) and Chaofu (A recluse contemporary with Xuyou). The book provides explicit illustrations for inscriptions carved on mirrors of Han Dynasty, such as Shangfang (Means imperial power in Chinese), Qinggai (Means the green cover of imperial carriages in Chinese), Zhaomin (Means brightness in Chinese), Tung Wang Kung (A male deity leader in Taoism), Xi Wang Mu (A female deity leader in Taoism) and those on mirrors of Sui and Tang Dynasties, like Yuxia (A poetic name of jade box), Kaijing (Means the polishing of mirrors), and Qin Wang Mirror (A mirror said to have the powered to reflect evil thoughts of people who look into it).

Thanks to the earnest and painstaking efforts of the compilers, some misconceptions about bronze mirrors are corrected in the book. For example, the ring of molding line found inside the rim of Bronze Mirror with Linked Arcs and Grass of Western Han Dynasty (P58) was previously mistaken as fine bowstring pattern; the beast-head-shaped knob on the Bronze Mirror with Beast-Head-Shaped Knob and Plant Pattern of Western Han Dynasty was wrongly thought as three-string knob in most circumstances before, and sometimes the dented surface and dots on this mirror were seen as door nipples.

When sorting and studying the bronze mirror collection of the museum, compilers of this book made comparison of them with bronze mirrors unearthed in different places and collected by other museums, and gained new insights, especially about the development traces of some bronze mirrors that would be helpful for definition of time division. For example, in the introduction of Bronze Mirror with Linked Arcs and Grass, it says that "this type of mirror was firstly made in the initial years under the ruling of Han Wu Emperor of Western Han Dynasty, prevailed in the middle and late periods of Western Han Dynasty as well as the in the period ruled by Wang Mang (A rebel who led the overthrow of Western Han Dynasty and then proclaimed himself emperor), and could still be found in the market in the early years of Eastern Han Dynasty."

The book also tells us that the inscription of Er (A modal particle in ancient Chinese), was popular in the late period Western Han Dynasty; the mirrors with the pattern of cracked turtle were made in the period of Five Dynasties; the Huzhou mirrors made in Song Dynasty with inscription of Jingzi ,or both Jingzi and Zhaozi (Both Jingzi and Zhaoi mean mirror in Chinese), belong to the period from the twelfth year (1162 A.D.) of Shao Xing to the first year (1190 A.D.) of Shao Xi in Southern Song Dynasty.

Pieces included in the book basically cover the whole spectrum of bronze mirrors. Common pieces are introduced with a different approach in the book by sharing with readers new information. For example, we can learn that there is still a large number of unearthed pieces of Bronze Mirror with the Pattern of Four Door Nipples and Four Snakes scattered in Luoyang city, Jilin province, Qinghai province, Guangzhou city and other places, in all a large area basically coinciding with the whole territory of Western Han Dynasty. Another outstanding merit of this book is its inclusion of many rarely seen or extremely exquisite mirrors, such as Bronze Mirror with Design of Dragon and Phoenix in Cloud-Pattern Brocade (three dragons and a phoenix) of the Warring States Period, Lv Yi and San Yang (Both names of mirrors) of Dong Hay Dynasty, which used as pattern the imagine of celestial figure and legendary animals, Bronze Mirror with Dragonfly and Flower Pattern of Tang Dynasty, and Bronze Mirror with a Pair of Phoenix and Flower Pattern of Song Dynasty.

The compilation of heritage catalogue of this book has reached a record high level and it provides us a new model of its category, though there is still room for improvement in compiling, for instance, the time divisions for bronze mirrors are not quite clear-cut and exact, some of the patterns' names don't seem perfectly suitable and in some cases the denomination of a mirror is not fully in line with its style. However, these flaws are not to obscures its virtue of being a valuable book for archaeologists, relic collectors, antique amateurs and other interested readers. It is hereby recommended.

Gao Zhixi

The writer is a researcher and former curator of Hunan Provincial Museum and bronze mirror identification expert of National Committee of Cultural Relics .

长沙市博物馆馆藏铜镜综述

长沙市博物馆　王立华　李梦璋

长沙市博物馆收藏有历代铜镜近五百枚,其中的大部分来源于考古发掘,因而具有较高的研究价值。我们精选了其中的代表性藏品,编撰这本《楚风汉韵——长沙市博物馆藏镜》,现按照时代、各时期馆藏铜镜的主要类型,分战国楚式铜镜、西汉铜镜、新东汉三国六朝铜镜、隋唐五代铜镜、宋元明清铜镜五个部分加以综述,以便大家对这批铜镜有一个全面的了解。

一、战国楚式铜镜

楚式镜是主要流行于楚文化区域的一种铜镜类型,湖南、湖北、安徽、浙江、河南等地均有出土。其出土数量之众多、型式之丰富多彩、制作工艺之精湛、流行区域之广泛以及对后来铜镜影响之深远均是同时期其它区域文化的铜镜所无法比拟的。楚人从春秋晚期来到长沙后,经过数百年的经营开发,创造了特色鲜明的南楚文化,铜镜就是南楚文化的重要内涵。《长沙楚墓》收集了解放以来长沙发掘的2048座楚墓资料,其中481座墓葬出土了485枚各种型式的铜镜,出铜镜的墓葬占墓葬总数的23.5%,而《益阳楚墓》整理的653座墓葬中,出铜镜的墓葬44座,出土铜镜44枚,出铜镜墓葬所占的比例为6.7%;《常德楚墓》收集了1395座楚墓资料,出土铜镜的墓葬50座,出土铜镜50枚,出铜镜墓葬的比例略占3.6%;《江陵雨台山楚墓》整理的558座墓葬中,出铜镜的墓葬9座,出土铜镜9枚,出铜镜墓葬的比例仅为1.6%;《当阳赵家湖楚墓》发表的297座楚墓资料则未出一面铜镜。从以上几个地方楚墓出土铜镜情况来看,长沙出土楚式镜最多、最集中,而且离长沙距离越远,出土铜镜数量越少,这说明长沙一度是楚国的制镜用镜中心。长沙市博物馆收藏有20世纪70年代以来发掘出土以及历年征集的战国楚式铜镜百余枚,按铜镜的主题纹饰分为八类。这批铜镜几乎囊括了目前楚式镜的所有品种,一定程度上反映出楚式铜镜的整体面貌。

一类　素镜

小十字钮,方形。边长8厘米,厚0.1厘米。镜体轻薄,镜缘斜平。镜背隐约可见朱红方格纹,方格纹内又饰以圆圈纹,纹饰大多脱落。该镜1992年出土于长沙市马益顺巷一号楚墓,同时出土铜鼎、敦及陶鼎、敦、簠、壶等,墓坑有台阶,葬具为一椁重棺,时代为战国中期中段。该类镜在湖北宜城、江陵均有出土,但十字钮以及镜背彩绘的素镜较为罕见。

楚式素镜最早出现于春秋晚期,是楚式镜最早的品种,分为圆形与方形两种,钮有扁弓形钮、小粒状钮、小三弦钮以及小十字形钮。该类镜一直到战国晚期还流行,出土数量不多。

二类　纯地纹镜

分为羽翅地纹与云锦地纹两型。

A型　羽翅地纹镜　直径15.1厘米,三弦钮,方形钮座,羽翅地纹细密,镜缘较宽,凹面卷边。1992年国防科技大学M4出土一枚,同出陶鼎、豆、壶等,时代为战国中期。羽翅纹又称“变形羽状兽纹”、“变形兽纹”、“羽状纹”等等,是一种兽纹的变形形态。

B型　云锦地纹镜　三弦钮,圆钮座,钮座外饰二周绚纹。地纹清晰精致,由卷云纹和三角雷纹组成，纹饰满布，云纹卷曲五圈，雷纹三折。镜缘较宽，上卷明显，1988年长沙市韶山路友谊商店M18出土。

三类 "山"形纹镜

分为四山和五山两型。四山镜较多，五山镜少见。

A型 四山纹镜 分为四式，该镜是楚式镜的主要品种，本次收录的13枚均出土于长沙。单纯的四山纹镜出现于战国中期，战国晚期继续流行，以花叶纹为辅纹的"山"形纹铜镜则主要流行于战国晚期。

Ⅰ式 四山羽翅地纹铜镜 直径12～15厘米，方钮座，四弦钮，地纹均为羽翅纹，"山"形分左右旋和右旋两种，"山"字粗短。1981年长沙市工农桥M1出土的一枚右旋镜，"山"字底部仅有一半勾边，形制特殊。该墓出土陶鼎、罐、壶、熏炉，时代为战国晚期。

Ⅱ式 四山八叶羽翅地纹铜镜 三弦钮，方钮座，地纹均为羽翅纹，"山"形分左右旋两种，以右旋居多。叶纹均作桃心状，由钮座四角伸出，每角两枚，其间以带状纹饰连接，有的饰有绚纹。

Ⅲ式 四山八叶四柿蒂羽翅地纹镜 三弦钮，双重方钮座，饰带边框左旋四山并饰八叶四柿蒂。柿蒂纹加于山形之间，由双重圆心以及四叶组成。素缘上翘，较窄。1984年长沙赤岗冲铁道学院M2出土一枚，时代为战国中晚期。

Ⅳ式 四山十二叶羽翅地纹镜 三弦钮，小方钮座，"山"字较为瘦长，其外框镶有边沿。地纹均为羽翅纹，饰以草叶十二枚。钮座每角伸出一枚，其下层草叶的叶尖向上、左、右方各伸出三条带状纹，分别与其它八枚草叶纹交错连接。部分镜的草叶纹顶部又伸出一水滴状花枝。

B型 五山纹镜 仅一枚，三弦钮，圆钮座，羽翅地纹上饰五个山形，中夹叶纹十枚，叶纹上饰叶脉。素缘上卷。1992年长沙胜利路十五中学M14出土。根据纹饰特征以及对墓葬随葬物品分析，此镜的年代为战国晚期。

四类 菱形纹镜

钮为三弦及二弦，小双重圆钮座与其上伸出的四瓣叶纹形成一组柿蒂状纹，镜缘上卷。地纹为羽翅纹，在地纹之上有凹面宽条带组成的折迭菱形纹，将整个镜面分割成九个区域，其中菱形区域五个，三角形（半个菱形）区域四个。中心菱形及与其四边相接的四区各饰一由双重圆心及四叶组成的柿蒂纹，其它四个三角形区域各有一从镜缘内侧伸出的叶纹。1982年长沙市人民路建设银行M1出土一件，直径10.5厘米，墓内同时出土鼎、敦、壶陶礼器，从出土陶器组合形制可以判定墓葬年代为战国晚期。

五类 龙纹镜

以龙纹为装饰主题的铜镜是楚式镜的主要类型之一，战国中期出现，流行于战国晚期，至西汉初期仍然大量使用。龙纹镜形制较复杂，均以云锦纹为地，可分单纯云锦地龙纹镜、云锦地龙凤纹镜、菱形纹间龙纹镜、连弧纹缘龙纹镜。

A型 云锦地龙纹镜 多为三弦钮，双重圆钮座、多重　纹圆钮座并行，龙纹为主题纹饰，有二、三、四龙纹之分，以三、四龙纹为主。稍早的龙纹形态简单写实，卷起形势不大，后期逐渐向卷叶状变形，趋向图案化，并在其间夹杂变形叶纹。1987年长沙市人民路曙光电子厂M1出土的云锦地二龙纹镜，主纹为两条较写实的浅浮雕的龙，龙角、眼、耳、鼻毕具，躯干盘曲。1982年长沙市麻园湾小学M1出土一件云锦地四龙纹镜，直径11.6厘米，主题纹饰为变形的四龙，龙首回顾，龙尾与相邻的一条龙颈部缠绕。同墓出土的陶器组合为鼎、敦、壶及熏炉，时代为战国晚期。

B型 云锦地龙凤纹镜 1981年长沙市火车站邮电局M7出土，直径11.7厘米，三弦钮，圆钮座，主题纹饰为三龙一凤，纹饰分布呈不对称状。凤鸟仰视，羽翼舒展飘逸，龙纹则各具姿态。龙凤纹饰在楚镜中有合体形态，而三龙一凤的图案鲜见，包山楚墓的龙凤相嬉刺绣纹与此相似，此镜年代应为战国晚期。

C 型　菱形纹间龙纹镜　三弦钮，圆钮座。钮座内有的饰云锦纹。主题纹饰为三折迭菱形纹与三条龙纹缠绕，龙纹更趋图案化。1981 年长沙市火车新站邮局 M4 出土一枚，钮座周围饰三组凤首龙身的兽纹，兽纹间夹一蹲踞舞蹈状人物纹饰。主纹为三昂首盘曲龙纹，菱形纹间夹龙纹之中。该墓出土陶器组合为鼎、盒、壶。1981 年长沙市解放路向韶村 M1 出土的龙纹镜，菱形纹已演变龙身，纹饰简化。前者年代为战国晚期，后者的时代应更晚，可能到了战国末期。

D 型　连弧纹缘龙纹镜　三弦钮，圆钮座，云锦地，主题纹饰为四组变形龙纹，间以变形叶纹，镜缘为十四内向连弧纹。此型镜造型独特，出土较少。《长沙楚墓》中收录两枚，分别出土于55 长潘 M6 和64 长赤 M27，前者出土陶器组合为鼎、盒、壶，后者为鼎、敦、壶、钫，根据其陶器组合，两墓的年代为战国晚期。这枚镜和上述两枚镜比较起来已有变化，钮座外的宽扁叶纹由"⊙"纹替代，四龙分别以三角纹和稍修长的叶纹相间，龙纹线条更细，其时代应晚于上述两枚铜镜，估计为战国末期。

六类　兽纹镜

分为羽翅地纹与云雷地纹两型。

A 型　羽翅地兽纹镜　弦钮，圆钮座。1992 年长沙市胜利路 M10 出土一枚，主题纹饰为变形四兽纹，兽纹已图案化，兽身卷曲，压于四叶纹上。墓内同出鼎、敦、豆等陶器。1987 年长沙市贺龙体育场 M1 出土一枚，主题纹饰为"S"型卷曲的四兽纹，兽面似牛，兽首呈回顾状，身躯细长卷曲。同墓出土鼎、敦、壶陶礼器组合。根据陶器组合分析，两墓葬的年代应为战国晚期。

B 型　云雷地兽纹镜。三弦钮，圆钮座，地纹为云雷纹，主题纹饰为三兽纹。1985 年长沙市伍家岭有色金属加工厂 M3 出土一枚，兽纹的兽身似龙，兽首回顾，兽尾细长卷曲，造型活泼，线条飘逸。

七类　叶纹镜

叶纹也是楚式镜装饰的主要纹饰，除纯地纹叶纹铜镜外，在菱纹镜、"山"字镜、龙纹镜上作为辅助纹饰也大量存在。纯地纹叶纹铜镜在长沙楚墓中占有不小的比例，仅《长沙楚墓》的统计就有 23 枚，分四叶与八叶两种，以四叶纹镜居多。地纹又分羽翅地和云锦地。1983 年长沙市袁家岭武警支队 M3 出土一件羽翅地四叶纹镜，三弦钮，圆钮座外羽翅地上饰四组山字状叶纹。根据纹饰特征以及墓葬数据分析，叶纹镜的铸造时代始于战国中期，羽翅地纹镜略早于云锦地纹镜。

八类　连弧纹镜

分为细线连弧纹镜与凹面宽连弧纹镜二式。

Ⅰ式　细线连弧纹镜　三弦钮，圆钮座，分为十连弧与十一连弧两种。1993 年长·铁·银 M6 出土十连弧纹镜 1 枚，无地纹，围绕钮座饰细线十连弧纹，镜体轻薄，镜缘较宽，微翘。该类镜在长沙地区偶有出土，但数量不多，铸造时代始于战国中期，战国晚期墓葬中亦有发现。

Ⅱ式　凹面宽连弧纹镜　均为三弦钮，圆钮座，地纹为云锦纹，饰七连弧或八连弧，弧面下凹并经抛光。此类镜出于战国晚期楚墓，《长沙楚墓》中共记载 12 例，墓葬年代均为战国晚期。1980 年长沙市火车新站邮局 M3 出土一枚八连弧纹镜，同墓出土的仿铜陶礼器为鼎、敦、壶、盒、钫，是长沙战国晚期楚墓典型的陶器组合。

二、西汉铜镜

汉初高祖封吴芮为长沙王，以临湘（今长沙市）为国都，开始了长沙的封国时代。新中国成立以来，长沙发掘了包括长沙国王室成员墓在内的数千座西汉墓葬，出土了大批西汉铜镜。从长沙出土的西汉铜镜形制来看，西汉前期许多铜镜还保留有强烈的楚式镜遗风，折射出楚文化对本地汉文化的影响。西汉中期开始，伴随中央集权的加强，社会经济的发展，楚文化逐步融入汉文化之中，本地铜镜的楚式风格基本消失，铜镜的形制更加丰富，铜镜的发展进入了一个新的时期。

一类　龙纹镜

龙纹镜是楚式镜的主要品种，在长沙西汉前期墓葬仍有较多出土。和楚式龙纹镜比较起来，西汉龙纹镜保留了一定的战国楚式镜风格。如镜的整体形制及缘、边一如楚式镜，大部分仍有地纹，四龙纹以叶纹分隔等。但变化也十分明显，其中主要的变化是龙纹由实体线条变为双线勾勒，地纹极浅，模糊不清，出现了铭文，除弦钮外，还有桥形钮、伏兽钮等。可分三型。

A 型　四叶龙凤纹镜　仅见一枚，1988 年出土于长沙长岭水电八局 M4，三弦钮，圆钮座，地纹为菱形云锦纹，主纹为变形大"亚"字型四叶纹，其间饰飞鸟、龙凤纹，写实性强，布局对称工整。从整体形制、纹饰主题以及清晰细密的地纹看，该镜具有较典型的楚式镜风格，但这种变形夸张的"亚"字型四叶纹十分罕见。

B 型　卷云地龙纹镜　地纹均为卷云地，素缘上卷，钮分桥形钮、伏兽钮、弦钮三种，圆钮座，有的座下饰蟠螭纹，主题纹饰为四龙纹，龙纹以变形叶纹间隔。部分龙纹镜钮座外圈饰有"大乐贵富，千秋万岁，亦（宜）酒食"铭文一周。

C 型　连弧龙纹镜　三弦钮，圆钮座，镜缘内侧饰十六连弧，卷云地纹清晰。主纹为两条勾连的龙纹。

二类　博局蟠螭纹镜

三弦钮，方钮座上饰简单兽纹，钮座外方框内饰有"大乐贵富得所好，千秋万岁，延年益寿"铭文。卷云纹地纹，主题纹饰为博局纹加卷龙纹，镜缘上卷。1984 年长沙市赤岗冲 M7 出土一枚，蟠螭纹用三线、博局纹用四线勾勒，该墓出土陶器组合为鼎、盒、锺、钫、罐等，伴出泥五铢，时代应为西汉中期。

三类　花草纹镜

分两型

A 型　方形钮座，有的钮座外框内有铭文。分三式。

Ⅰ式　铺首钮花叶纹镜　仅见一枚，1975 年长沙市陡壁山 M1 出土，该墓为享用"黄肠题凑"葬制的岩坑竖穴墓，墓主是西汉前期某代吴姓长沙国王后"曹㛗"。出土的花草纹铜镜无地纹，铺首衔环钮，方形钮座，钮座四边各出一矩形，矩形上部饰草叶纹，草叶纹之间饰柿蒂状花草纹，每朵花草纹下有两凹面圆点。此镜宽凹缘卷边，镜面平坦，以花草纹为主题纹饰，仍有楚式镜遗风，但带矩形的方形钮座及周边的圆点作风，似与后来的博局纹、乳钉纹有一定联系，是本地楚式镜向汉镜过渡的表现。

Ⅱ式　草叶连弧纹镜　三弦钮或半球形钮，方形钮座，钮座外框内有"见日之光"、"日有熹"铭文，框外饰四乳钉。镜缘为十六连弧，主题纹饰多为对称二迭式草叶纹夹花枝纹。

Ⅲ式　博局草叶连弧纹镜　博山钮，方形钮座，钮座四角饰四乳钉，镜缘为十六连弧，主题纹饰为博局纹间对称二迭式草叶纹。

B 型　三弦钮，圆形钮座，钮座外及卷边宽凹缘内侧分别有九连弧和二十连弧纹。主题纹饰为四乳花卉纹，四乳花卉之间以重迭花枝相间。

四类　铭文镜

以铭作为主题装饰的铭文镜为西汉中晚期最为流行的镜种，长沙西汉墓中也有较多出土。此类铜镜已彻底摆脱早期铜镜影响，镜体变得厚重，镜缘由凹缘卷边变为素平缘，流行半球形钮，连珠钮座。可分连弧铭文铜镜和重圈铭文铜镜两型，以连弧铭文铜镜居多。

A 型　连弧铭文铜镜　均为半球形钮，圆钮座，座外饰连弧纹，铭文带饰于连弧纹外。根据铭文内容，又分日光镜、清白镜、铜华镜、日有熹镜、昭明镜几种。

日光铭文镜　半球形钮，圆钮座。铭文为："见日之光，天下大明"、"见日之光，长勿相忘"等，形态较小，有的似为明器。此类镜在西汉铭文镜中数量最多，最早出现于武帝初年，盛行时代约为西汉中晚期，其下限为东汉中期。

清白铭文镜 铭文为："洁清白而事君，志污之弅明，作玄锡而流泽，恐疏日忘美人，外可弇。"半球形钮，连珠钮座，缘厚平，直径在14厘米左右。此类镜胎体厚，传世数量较多，出现于西汉中期偏晚，多见于西汉晚期。

日有熹铭文镜 铭文作"日有熹，月有富，乐毋事，宜酒食。居而必安，毋忧患，竽瑟侍，心志欢，乐已茂极，固常然。"半球形钮，连珠钮座。同类镜在湖南、陕西、河南等地均有出土，数量较少，根据出土同类器物墓随葬的五铢钱来看，时代为西汉中晚期。

铜华铭文镜 铭文为："涷冶铜华清而明，以之为而镜宜文章，延年益寿去不羊（祥），无毋极而日光，长乐未央。"圆钮，分柿蒂纹和连珠纹钮座两种。后者座外还有"长宜子孙"四字铭文。

昭明铭文镜 铭文为："内清质以昭明，光辉像夫日月，心忽扬而愿忠然雍塞而不泄"钮分连珠钮与圆钮两种，钮外饰有连弧纹，素缘。

B型 重圈铭文镜 主纹区有两圈铭文带，多为日光铭与昭明铭相配。"见日之光，长勿相忘"置于内圈，"内清质以昭明，光而象夫日月，心忽扬忠，然雍塞不泄"置于外圈。钮分半球形钮和博山钮两种。此类镜出现于西汉中期，常见于西汉晚期，为日光镜与昭明镜的衍生。

五类 四乳兽纹镜

此类铜镜的共同特征是纹饰区均饰有乳钉纹夹四虺纹或禽兽纹，平素缘，半球形钮。出土于长沙中晚期西汉墓。可分两型。

A型 四乳四虺纹镜 半球形钮，圆钮座，主题纹饰为四个乳钉纹分割的四组虺纹，虺纹间夹杂有鸟、兽纹。此类镜的时间跨度较大，从西汉武帝时期到东汉的墓葬中均有出土。

B型 四乳禽兽纹镜 半球形钮，钮座有圆钮座、柿蒂钮座和连珠钮座三种。主题纹饰为四乳间饰虎、羊、朱雀、奔鹿等瑞兽或禽鸟。

六类 星云纹镜

连峰或博山钮，星云纹或放射状纹钮座，钮座外及镜缘分别饰内向连弧纹。主纹区饰大乳钉4枚，把纹饰区分为四组。大乳钉之间分布小乳钉若干，状若星辰。小乳钉间饰云纹，云纹用三线勾勒，线条流畅飘逸。此类镜一般出土于长沙中晚期西汉墓。

三、新东汉三国六朝铜镜

此阶段是社会大变革时期，也是铜镜造型艺术的重要过渡阶段。东汉时期铭文镜大量流行，图案也由浅浮雕向高浮雕转变，并且出现了许多新型工艺。到东汉晚期，社会动乱，社会经济发展缓慢，铜镜制造也进入了一个中衰时期。长沙市博物馆收藏该时代铜镜数量较多，大部分为出土铜镜，分为五类。

一类 云雷纹镜

素平缘，缘皆高厚，圆钮，柿蒂纹钮座，钮座外饰连弧纹。主题纹饰为由卷云以及长三角雷纹组成的云雷纹饰。部分镜有铭文，铭文均作"长（常）宜子孙"。此类镜始见于西汉末期，到东汉初期大量流行，形制越来越大，造型越来越精美。

二类 博局纹镜

博局纹镜是新莽、东汉铜镜中数量较多的品种，这一时期博局纹镜镜缘变厚，缘上多饰锯齿纹或动物纹、云气纹，博局纹更具图案化，其间多饰乳钉、神兽、禽鸟，部分铜镜主纹区外圈饰铭文一周。按乳钉数量划分，可分为多乳、八乳、四乳、无乳四型。

A型 多乳博局纹镜 均为半球形钮，柿蒂纹钮座。钮座外方框内饰十二辰名，并以十二乳钉相间。镜缘宽厚，上饰双重锯齿纹间水波纹。主纹区以八乳及博局纹分割为四方八区，其间饰以神兽纹。主纹区外装饰铭文一周，内容为"尚方作镜真太好，上有仙人不知老，渴饮玉泉饥食枣"等。

B 型　八乳博局纹镜　半球形钮，柿蒂纹钮座。钮座方框外每边饰二乳钉，共八乳。宽厚缘，缘上饰双重锯齿纹间水波纹、动物纹、云气纹。博局纹将主纹区分割为四方八区，区内分饰四神、鸟兽和羽人等，多数主纹区外有"尚方作镜"、"广方作镜"、"汉有善铜"、"乐如侯王"等内容铭文。

C 型　四乳博局纹镜　均半球形钮，圆钮座或柿蒂纹钮座。四乳置于钮座外方框四角。素缘或缘上饰云气纹、锯齿纹。主题纹饰均为以博局分割的鸟兽纹。部分镜有"尚方"、"新佳"、"新有"铭文。

D 型　无乳博局纹镜　均为半球形钮，无铭，镜体形制较小，纹饰较为简单，有的仅有六博纹。镜缘宽厚，缘上图案以锯齿纹为主。

三类　神兽纹镜

此类神兽镜主要是指新东汉三国六朝时期所生产的纹饰为龙虎、鸟兽、羽人等图案的铜镜，根据我馆神兽纹镜特点，可分为有乳和无乳两型。

A 型　无乳神兽纹镜　均半球形钮，圆钮座。镜缘饰锯齿纹、动物纹。主题纹饰为鸟兽、龙虎等图案，以龙虎纹为多。纹饰作高浮雕状。主纹区外多有铭文。1989年长沙市南郊公园出土一件，铭文为"青盖陈氏作镜四夷服，多贺国定人民息，胡虏珍威天下服，风雨时节五谷熟，长保二亲得天力兮。"

B 型　有乳神兽纹镜　均为半球形钮，圆钮座。主纹区饰有乳钉间瑞兽仙人等图案，乳钉数量从4枚到16枚不等。纹饰一般较浅。部分有铭文，内容为"尚方"、"杜氏作镜"。其中一件"三羊"神兽饰连弧纹镜形制稍特殊，该镜主纹区饰内向十二连弧纹，神兽纹呈浮雕状，连弧纹内铸"三羊作镜"铭文。

四类　四叶纹镜

依形制可分二型。

A 型　半球形钮，柿蒂纹钮座的四叶变形向外伸出。素缘宽厚。主纹区呈"十"字形构图，由四个矩形对角线纹分为四区，每区内饰一叶纹和龙纹，龙纹变形，但头部刻画清晰夸张，吻、角、须毕现，身躯肥大。1975年长沙市银盆岭黄沙坡 M5 出土一件，直径14厘米。

B 型　半球形钮，圆钮座的四叶变形向外伸出，将主纹区分成四组，主纹区外饰连弧纹。分三式。

Ⅰ式　半球形钮，柿蒂纹钮座，钮座四叶间饰"长宜子孙"铭文。

Ⅱ式　半球形钮，圆钮座，钮座外四叶以细弧线相连，叶间饰龙纹，四叶下有"位至三公"铭文。

Ⅲ式　半球形钮，圆钮座，钮座外四叶变形，呈"亞"字形布局。四叶以平滑粗弧线相连，叶间装饰的龙纹张牙舞爪，身躯简略。四叶下有"长宜子孙"铭文。

五类　画像纹镜。

画像神兽镜品种众多，主题纹饰以类似东汉画像砖、石的人物、动物图像为主。大部分有铭文，铭文作："杜氏作镜大毋伤，汉有善铜出丹阳，家当大富□□□□□□□□有奇辟不羊长宜之镜"、"尚方作镜佳且好，明而日月世少有，刻治今守吉"等。图案以人物为主，中夹动物图形，表现了一定的生活场景。2008年征集对置画像镜1枚，半球形钮，圆钮座，上有仙人、瑞兽，呈对置状。镜缘内饰有方枚铭文。铭文模糊不清，隐约可见"君宜高官"及"东王公"、"西王母"等，说明纹饰内容与东王公、西王母的故事有关。

四、隋唐五代铜镜

隋唐铜镜脱离了汉晋时期的呆滞风格，图案更加奔放活泼，盛唐时期还出现了具有强烈外来风格的瑞兽葡萄镜，体现出中国古代文化大开放时期的繁荣与强盛，是为铜镜的中兴时期。晚唐到五代铜镜制造业开始出现衰落，并且从此一蹶不振，中国铜镜的辉煌就此结束。长沙市博物馆收藏的隋唐五代镜出土镜较多，仅中南工大一号唐墓便出土了7枚大小形制不同的铜镜，其中星宿八卦镜与许由曹父镜尤为珍贵。

一类　素镜

此类镜为最为常见的镜式之一，流行于唐五代，造型多样，分为方素镜、圆素镜、葵花形素镜、亚字形素镜。大部分为墓葬出土。

方素镜　小圆钮，素缘，镜缘无纹，稍凸，镜体较小。

圆素镜　是这一阶段素镜中最多的品种，钮为小圆钮或桥钮，通体素面或仅有凸弦纹一道。镜体大小不一，其中一枚为1987年长沙市桃花岭中南工大M1出土，直径达30.6厘米，重1.782公斤，是我馆所藏铜镜中最大者，时代为晚唐。

葵花形素镜　缘作葵花形，小圆钮，出土于长沙中晚唐墓葬。

"亚"字形素镜　桥钮，缘凸起，出土于长沙晚唐墓葬。

二类　瑞兽纹镜

共2枚，均为征集品。半球形钮，圆钮座，钮座外饰莲瓣纹一周，镜缘饰锯齿纹。主题纹饰以瑞兽为主，有铭文。一枚为博局瑞兽铭文镜，博局纹将纹饰区分为四区，每区内饰一瑞兽。纹饰区外有铭文带，铭文作："赏得秦王镜，判不借千金，非并欲照胆，特是自明心。"另一枚瑞兽铭文镜，主题纹饰为两组瑞兽，纹饰区外铭文为"玉匣盼开镜，轻灰拂去尘，光若一片水，映照两边人"。铭文字体为楷书，工整秀丽。两镜半球形钮，圆钮座，镜缘饰锯齿纹等，还存有一些东汉镜风格。

三类　龙纹镜

半球形钮，素缘，主题纹饰为单龙或双龙纹，分圆镜、方镜两种。1992年长沙市劳动广场M1出土一枚圆形龙纹镜，龙纹沿镜钮盘曲，身躯满饰鳞片，张牙舞爪作腾飞状。1982年长沙市德雅村M3出土一枚方形双龙纹镜，素缘较宽，双龙瞪目张嘴，围绕镜钮呈二龙戏珠状。镜背布龟裂纹，镜缘有刀凿加工痕迹，具五代铜镜风格。

四类　花鸟镜

为唐五代代最常见镜种。分为圆形、葵花形、菱花形三种。

圆形花鸟镜　小圆钮，窄素缘。主题纹饰有单纯双凤纹及花卉凤鸟纹、花卉蜻蜓纹等。1987年长沙市桃花岭中南工大M1出土一枚晚唐时期双凤纹镜，凤纹围绕镜钮展翅盘旋，直径25厘米，形制较大。1983年长沙窑遗址附近唐墓出土一枚花卉蜻蜓纹镜，镜钮外饰三组花鸟，鸟作翘尾张翅飞翔状。主题纹饰为六朵折枝花卉，近缘一圈饰六只蝴蝶。纹饰精美，制作工整。

菱花形花鸟镜　圆钮，八出菱花缘，主题纹饰为花鸟草叶、花鸟瑞兽镜等。

葵花形花鸟镜　圆钮，六出与八出葵花缘。主题纹饰有单纯花卉、鸾鸟花卉、蝴蝶花卉、四仙骑兽、鹤等。

五类　葡萄镜

此类镜体现了唐代制镜镜技术的最高峰，其纹饰精致，厚重华美，图案造型凸出，铜质优良，有的至今依然光亮如新，是盛唐时期国力强盛的象征。此类镜可分为花卉葡萄镜与海马葡萄镜两型。

A型　花卉葡萄镜　狻猊钮或小圆钮。除一枚狻猊钮镜外，其余镜背由一道高凸弦分割为内外两区，分别饰有葡萄纹以及花草藤蔓纹。

B型　海马葡萄镜　狻猊钮或小圆钮。主题纹饰为海马、葡萄、藤蔓纹。镜缘高厚，刻画精致，造型与前型镜基本相同，但形制均大于前者。特别是一枚宁乡黄材镇出土的海马孔雀葡萄镜，上饰有造型生动的孔雀纹，其直径达到18厘米、厚1.64厘米，是唐代葡萄镜中的精品。

六类　纯铭文镜

2枚，均为征集品，其一亚字形，饰"千秋万岁"四字铭文，镜背有龟裂，镜缘素凸，为五代时期铸造。其二为"都省铜坊"镜，此类镜五代唐宋均有，该枚为五代所造，铭文为"都省铜坊，匠人谢修"。

七类　八卦镜

分葵花形、方形两种，主题纹饰为八卦星宿、八卦禽兽、八卦十二生肖等。其中八卦星宿纹方镜1987年出土于长沙市桃花岭中南工大M1，为晚唐制品，保存完好，十分罕见。镜中的星宿纹基本上可以与二十八星宿相对应，镜钮中央的符箓纹饰更是现存较早的道教符箓图案，对研究当时的宗教信仰以及文化习俗有一定参考价值。

八类　故事镜

1枚，题材为"许由洗耳，巢父饮牛"，1987年长沙中南工大M1出土。该镜四角略凹，呈亚字形。图案以浅浮雕形式表现，人物形象生动，描述的是"饮牛巢父讥天下，洗耳许由绝世尘"的典故。这种形制的故事镜，在唐代镜中较为少见。

五、宋元明清铜镜

宋元明清时期的铜镜不论从质地还是造型纹饰都远不如唐以前的镜式，但品种还是比较丰富，并出现了较多的仿造汉镜的产品。长沙出土此时段的铜镜数量较少，长沙市博物馆征集了一批该时段铜镜，仅选取具有代表性的几枚加以介绍。龙凤纹镜　圆钮，素缘凸起。主题纹饰为相对的龙凤，龙身卷曲，凤鸟展翅。龙凤之间饰卷云纹、火纹。线条呆板，与早期龙凤纹不可同日而语。

巢父许由故事镜　桥形钮，素缘。主题纹饰描述的是"曹父饮牛，许由洗耳"的故事。和唐代同题材的故事镜比较起来，画面表现的内容更加丰富，但线条粗糙，说明制镜工艺的低下。为宋代制品。

抚琴人物故事镜　桥形钮，八出菱花缘。纹饰布满整个画面，表现的是伯牙、钟子期的故事。

"应物无心"铭文镜　长方形，桥形钮，镜背饰"应物无心如彼妍丑，久而愈明孰为尘垢"佛教偈语铭文，铭文作两列，字体工整清晰。

四神八卦纹镜　圆钮，花瓣形钮座，菱花形缘。钮座外饰四神，四神与镜缘之间列八卦纹。

综上所述，长沙市博物馆典藏的铜镜以楚汉、唐五代铜镜为主，并通过征集完善了晚期铜镜的收藏，具有较为完整的铜镜藏品体系。特别是出土铜镜为铜镜的准确断代提供了重要的标尺。通过本书收录的两百余枚铜镜，我们也可以感受到古代长沙浓厚的区域性文化特色，可以从一个侧面了解长沙古代文化的内涵。

参考文献

1．专著

梁上椿：《岩窟藏镜》，民国三十年（1941年）出版。

梁亭枏：《藤花亭镜谱》，1845年（中国社会科学院影印本）。

湖南省博物馆：《湖南出土铜镜图录》文物出版社1960年5月。

王士伦：《浙江出土铜镜选集》人民美术出版社1985年1月。

周世荣：《铜镜图案》人民美术出版社1986年10月。

周世荣：《铜镜图案——湖南出土历代铜镜》湖南美术出版社1987年5月。

孔祥星、刘一曼：《中国铜镜图典》文物出版社1992年1月。

何堂坤：《中国古代铜镜的技术研究》，中国科学技术出版社1992年。

周世荣：《中华历代铜镜鉴定》，紫禁城出版社1993年8月版。

河北省文物研究所：《历代铜镜纹饰》，河北美术出版社1996年2月。

郭玉海：《故宫藏镜》紫禁城出版社1996年12月。

周世荣：《金石瓷币考古论丛》，岳麓书社1998年9月。

中国青铜器全集编辑委员会：《中国青铜器全集（第16卷）》，文物出版社1998年12月。

湖南省博物馆等：《长沙楚墓》，文物出版社2000年。

马承源主编：《中国青铜器鉴赏》，上海古籍出版社2004年12月。

上海博物馆：《练形冶神 莹质良工——上海博物馆馆藏铜镜精品》，上海书画出版社2005年4月。

周英主编：《长沙市文物征集集锦》，湖南美术出版社2007年10月。

王立华主编：《长沙馆藏文物精华》，湖南美术出版社2007年10月。

2．论文

沈从文：《古代镜子的艺术特征》，《文物参考资料》1957年第8期。

王仲殊：《论战国及其前后的素镜》，《考古》1963年第9期。

雷从云：《楚式镜的类型与分期》，《江汉考古》1982年第2期。

游学华：《中国早期铜镜资料》，《考古与文物》1983年第3期。

何堂坤：《铜镜起源初探》，《考古》1988年第2期。

高至喜：《论楚镜》，《文物》1991年第5期。

高西省：《论早期铜镜》，《中原文物》2001年第3期。

王峰均：《山字镜初探》，《考古与文物》2001年第1期。

苏启明：《四山纹镜》，《历史文物》2001年第3期。

长沙市文物考古研究所：《长沙市马益顺巷一号楚墓》，《考古》2003年第4期。

邓秋玲：《论山字纹镜的年代与分期》，《考古》2003年第11期。

李梦璋：《楚式"山"字纹镜不是"以字代形"》，《南方文物》2004年第3期。

中国古代铜镜及其思想文化概论

长沙市博物馆　邱东联　潘钰

　　铜镜是中国古代用于照容的日常生活用具，上至庙堂，下至市井，为达官贵人、仕人淑女所钟爱。铜镜在中国从新石器时代晚期至清代绵延使用了四千年，经历了战国、西汉、隋唐三个高峰期，凝聚着中国古代物质文化和精神文明，具有无可替代的历史、文化和科学艺术价值，是中国古代青铜器大家族中使用时间最长、流行区域最广的艺术奇葩。楚镜以其形制和纹饰富于变化，工艺精湛而著称，充分体现了楚文化的玄妙、虚无、神奇和浪漫。汉镜在长期模仿楚镜的基础上，铭文镜的产生和神人神兽题材的广泛运用，将汉代的黄老思想和谶纬之学展现无遗，因而汉镜还承载着敬天事神的特殊功能。唐代的开放和强盛，赋予铜镜鲜明的时代特征，铜镜尽显奢华和精贵，专求美观与悦目。虽然宗教思想对铜镜形制与纹饰影响显著，但最终走向了现实审美而具体生活化。宋代商品经济的繁荣，铜镜作为一种特殊艺术品的价值已经剥离，成为了纯粹的生活日用品。宋代以降，虽尽其能事极力仿制汉唐铜镜，然已是日暮西山，黄昏已近。至清代中期玻璃镜的广泛运用，终将闪烁着四千年光芒，映照着无数英姿，承载着文渊精华的铜镜淹没在历史的长河之中。

　　20世纪70年代，在青海贵南县齐家文化晚期尕马台遗址M25出土的一枚七角星纹铜镜，犹如一个精灵，在中华大地上飘荡了四千年。中国铜镜最早出现于甘肃、青海地区的齐家文化中，然后传播于与甘青地区生态环境相同的今长城沿线地区。大约在商代后期传入黄河中下游的中原地区，向西则传到天山东部的哈密、吐鲁番一带。齐家文化的铜镜开启了中国古代铜镜历史的序幕，证明了镜与鉴的不同源。殷周铜镜则一脉相承，表明了铜镜的使用并未间断，然从铸造水平和纹饰风格上，其与同时代的青铜器迥然有别。因此，在楚式镜出现之前，中国古代铜镜的制造与使用一直处于零星杂乱的状态。春秋晚期楚式镜的出现，宛如一道霞光，为中国古代铜镜的发展铺洒了一片金光大道。铜镜，这种日常生活中简练的器形才真正成为了中国古代青铜器大家族中的一个独特门类，才真正赢得了先人的关注而拥有了属于它自身的思想文化和艺术价值，并由于其生活上的使用价值和不断创新的艺术风格，最终成为了使用时间最长、流行区域最广的一种青铜器。

　　2008年，我们对长沙市博物馆馆藏的400余枚历代铜镜进行了整理和保护，同时对中国古代铜镜的发展历史及其蕴含在铜镜中的思想文化进行了剖析、梳理和总结，力求从宏观上展示铜镜的思想、文化发展脉络。很显然，一方面我们吸取了专家学者的思想精华，另一方面囿于学识则谬误难免，祈求大家指正。

应运而生
——灵秀清奇的楚式铜镜

　　楚式镜以其形制和纹饰富于变化，工艺精湛先进而著称，是青铜器百花园中迟开而绽放的奇葩。楚式镜一般轻、薄、精美，形制大多为圆形，镜钮主要有弦纹钮、镂空钮、桥形钮、兽钮和半环钮等；镜缘分平缘和素卷缘；纹饰图案做双层处理，在细密的地纹上再加各种主题纹饰，形成主、地纹相衬托的格局，同时还出现错金银、镶嵌绿松石、镂雕透空等特种工艺。其代表性的铜镜有山字纹镜、龙纹镜、凤纹镜、兽纹镜、花叶纹镜、羽翅纹镜以及连弧纹镜等。楚式镜充分体现了楚文化的玄妙、虚无、神奇、浪漫等特色。

楚式镜的出现，经历了一个漫长的孕育阶段。

中国古代社会进入了春秋时代，以血缘关系为纽带的分封制瓦解，各诸侯国相继勃兴，周王室衰微，礼崩乐坏。大国争霸，导致青铜铸造业在各诸侯国获得迅速的发展。与此同时，青铜器的神圣威严的性质得以改变，由陈列于庙堂社稷中的庄重礼器而转变为士大夫生活日用的高贵器皿。春秋中期以后，渊源于周文化系统的楚文化，经过数百年来和各种土著文化及各地域文化的碰撞与融合、提升与创新，发展成为一种有别于中原诸姬文化特征，具有全新体系的先进文化。铜器成了当时先进的社会生产力的物质基础，铜也必然成为了创造社会文明的物质条件。作为南北文化传播动因和纽带的铜，使相对滞后的楚文化沐浴到了中原文明的光辉与文脉。楚国境内无可比拟的铜矿和无与伦比的产量和质量，为楚国经济、军事实力的迅速提升奠定了基础，最终导致楚国"饮马黄河，问鼎中原"，引领和活跃在春秋战国时期的历史舞台。

经过"筚路蓝缕"的奋发历程，远离周王室政权的地缘政治，拥有广袤的发展空间和土壤的区域优势，楚人在长期的人口、土地、资源和文化、权威的征战中，广泛而游刃有余地吸取各文化实体的精华。一般来说，文化的繁荣和国家的昌盛是相辅相成的，而物质文化的繁荣更依赖于国家的昌盛，楚国在多元的政治格局中的无畏进取终于在春秋中期后雄踞南方。春秋中期以后，楚文化中的青铜冶铸业突然发达起来，形成与中原文化并驾齐驱之态势，其在技术和艺术上的独出心裁的创新，使诸多方面后来居上，傲视群雄，成为中国古代青铜文化中春秋战国时期的典范。楚国青铜器工艺之精湛、技术之高超、造型之美妙更是独步天下，这从曾侯乙墓和河南淅川下寺墓的青铜器中可见一斑。自此，"华夏文化就分成了南北两支：北方为中原文化，雄浑如触砥柱而下的黄河；南支为楚文化，清奇如出三峡的长江"。从春秋中期到战国中期又是数百年的征战与扩张，楚文化的东侵和南渐，使得青铜铸造技术更加精纯与发展，青铜合金比例更趋合理和规范，加之失蜡法等成形技术的日臻完善，楚文化对诸侯各国形成了强大的文化辐射力，大大发展了商周以来的青铜文明，达到了世界青铜文化的顶峰。

正是在楚国这种青铜器冶炼技术的大发展和楚文化影响力大扩张的背景下，楚式镜的出现注定别开生面而不同凡响。一方面楚国扮演着大国的地位、霸主的身份延承和维系着正统礼乐文化的秩序，以极其虔诚和神圣的姿态铸造着青铜礼乐器，楚王鼎冠绝诸侯各国，以曾侯乙墓为代表的楚式编钟，造型精致，音质浑厚，保存完好而成为世界文化史上的瑰宝。而另一方面，楚文化与一味追求厚重和狰狞的殷商文化体系有着极大的区别，其神奇与玄妙、包容与浪漫的文化特质，决定了楚人必从凝重肃穆的青铜器大家族中寻求一种既与人们生活息息相关，又能充分承载楚文化中的文化因子和技术因素的器物，以彰显特定环境下楚国的大国风范和王者气派，展示楚人粗犷而细腻、空灵而务实、浪漫而求真的精神。因此，是楚文化选择了铜镜，而楚式镜的出现，从另一个侧面（生活实用器物）将楚式青铜文化推向了新的高峰。至此，从齐家文化晚期产生，历经殷周却一直未曾有过风生水起发展的铜镜，在楚文化清奇灵秀的风格影响下与高超的青铜技术之中获得了重生，一跃成为战国中后期我国古代青铜文明中最为耀眼的青铜器之一。

楚式镜大部分出土于湖南、湖北，河南南部、安徽的部分地区都有发现，陕西、四川、广东、广西亦有所见。长沙地区所出楚式镜可谓集楚镜之大全，数量众多，形制规范，型式丰富，纹样精美，发展脉络清晰，具有详备完整的工艺体系，标志着中国古代铜镜从早期的稚朴走向成熟，代表着中国古代铜镜发展的第一个高峰，折射出楚国青铜铸造高超的技艺水平和经济、思想艺术的繁荣水平，具有承前启后的作用。

楚式镜经历了兴起、发展到繁荣的过程。其大约兴起于春秋晚期，盛行于战国中晚期，延续于秦和西汉初期。

目前，考古发掘最早的楚式镜型是春秋晚期素地镜类中的全素镜和单圈凸弧纹镜，战国早期出现了圆形透雕龙纹镜。战国中期楚镜开始了突飞猛进的发展，其一路高歌，引领时尚。这一时期原有镜型继续铸制，新的镜型层出不穷，如纯羽翅纹镜、以羽翅纹为地的叶纹镜、多式四山纹镜等。战国中晚期之际，羽翅纹地菱形纹镜、云雷纹地菱形龙纹镜以及纯云雷纹镜、云雷纹地凹连弧纹镜等相继产生。至战国晚期，以云雷纹为地纹的龙纹镜成为楚镜的主流，同时流行的还有羽翅纹地兽纹镜、龙纹连弧纹镜、云雷纹地凤纹镜以及素地单线连弧纹镜等。

楚式镜造型轻巧，工艺精湛，多为弦纹钮，纹饰线条细腻流畅，主纹衬有精细的地纹，形成多层重叠，尤以独特的山字纹、缜密的羽翅纹、灵秀的龙凤纹以及活泼的兽纹最具特点。楚镜纹样优美精细，具有很高的工艺价值，其主要采用浮雕和透雕技法，铜器铸制中的印模法、失蜡法、焊接成型等技术以及镶嵌绿松石、错金银、彩绘等特殊装饰铸制工艺被广泛地运用于铜镜的装饰上，使楚镜纹饰繁缛而色彩绚烂。先秦时期青铜器铸造技术对于一个地区的影响是十分巨大的。某一地区的青铜文化发展起来之后，就会迅速成为本地区的中心，包括经济的、政治的和文化的。楚文化在春秋战国时期通过广泛的征战，尽取江淮铜矿资源，发展和创造了自己的独特的青铜艺术，而楚镜从处于青铜器边缘地带的小型器类一跃而成为青铜器中的重要器类，很显然其工艺和纹饰脱胎于商周青铜器，如羽翅纹、菱形纹、云雷纹以及勾连雷纹，大体都能在商周青铜器纹饰中觅到雏形。随着时代的变迁和楚国社会思潮的创新与发展，楚人又独具匠心地孕育创造出楚镜独特的极具思想艺术性的精美纹饰，如草叶纹、山字纹、龙凤纹等。正是这种文化的传承和创新性，决定了楚镜在中国古代铜镜史上的崇高地位，可以说没有楚镜的创造与发展，就很难想象汉唐铜镜的成就和辉煌。

楚镜纹样图案从一开始就以雅洁纯净、和谐匀称、布局对称为准则，规范严谨而不生硬呆滞，层次分明又富于变化。视觉布局上经历了由单一到多样，由简朴到繁缛的发展过程，艺术风格上则经历了由抽象到具象，由图形到图象的演变历程。

楚镜的构图以镜钮为中心。早期的楚镜仅以简单的凸弦纹作为装饰，线条纤细而不够均匀。复合的龙纹镜，则是单独铸成龙纹后再附加在镜体之上，带有鲜明的青铜礼器的铸造工艺。早期楚镜古拙、简朴，但已明显地区别于只具实用价值的全素镜，从此为兼有强烈审美价值的艺术品开辟了一个全新的发展空间。纯羽翅纹镜的出现，是楚镜纹样由简单到繁复的突破性发展，其与稍后出现的云雷纹镜，纹饰精细繁密，排列规律有序。随着铸镜技艺的提高和装饰图案的开拓与创新，分别以两者为地纹加入形象鲜明的主题纹样，形成多层重叠的装饰风格，这种锦上添花的工艺一方面承袭了商周青铜礼器的艺术风格，另一方面与后来的大唐帝国的雍容大度和康乾盛世的繁花似锦的艺术风格有异曲同工之美。以羽翅纹和云雷纹为地纹的叶纹镜，叶纹有四叶和八叶之分，叶形变化较多，纹样古朴而生动，具有明显的夸张变形，这种富于神韵的装饰风格更能唤起人们心理上的美感，正是这种审美情趣成就了楚镜独特的纹样特征，奠定了楚镜鲜明的艺术风格。羽翅纹地山字纹镜有三山、四山、五山、六山之分，山字间多穿插有花叶或竹叶，在地纹与主纹之间以弦状或索状的组带纹将花叶相连，构成多角的网状图形，并使山字纹镜图案由两重叠式变为三重叠式。"解佩　结言"、"纫秋兰以为佩"，组带纹赋于铜镜以诗情画意的境界。山字纹的倾斜旋势状态打破了以钮座为中心的方整布局和以水平排列的地纹的静谧，以简洁的线条产生了一种极强劲的的运动感。"山字镜奇特的装饰图式，是楚人'运转无已，天地密移'的宇宙观的艺术式表现"，表达出一种神秘、庄严和旋转不息的气势。羽翅纹地菱形纹镜可分为框状式和叠状式两种，一般由凹面宽带交错组成的菱形纹将镜背分为若干区，每区以花朵装饰点缀，其主纹与地纹形成强烈的虚实对比。菱形纹镜精巧雅丽，具有轻盈活泼，浪漫瑰丽的艺术特色。菱形纹镜的独特构图似乎让我们触摸到了先秦时期的宇宙观即中央、四极和九州。羽翅纹地兽纹镜有四兽和五兽之分，兽纹多为头插利角，狐面鼠耳，长舌利齿，躯体硕大，一般单线构图，手法洗练，造型生动，呈环绕相衔、奔跑跳跃之感，这种奇妙构图和夸张象征的手法表达了楚人豪放浪漫的精神意识，显示出一种雄浑神奇的意境。云雷纹地龙纹镜出现于战国中晚期之际，楚人尚龙尊风的精神，使得龙纹成为战国晚期楚镜的典型题材，龙纹镜铸制工艺更精湛，型式更丰富，纹样处理更精细、更繁缛，要求更规范，更具神韵，从而表达楚人特定的观念和意趣。龙纹镜的出现使楚镜的主纹实现了从抽象到写实的转变，线条更细腻，曲线与弧线所组成的纹样更和谐圆润，流畅自如，生趣盎然而富有旋律感。作为主纹的龙纹或相互连接，绕钮环列而绵延不断；或独立成组，呈追逐式，变化多端，姿态万千；龙纹以单线构图，得心应手，线条繁复，活泼流畅。龙纹镜在置入辅助纹样四叶纹、菱形纹、连弧纹后，扩大了装饰题材，形成非常规整和谐的画面。龙纹镜布局对称，构图严谨，充满力感和动感，螭龙在云雷纹的衬托下，更显示出一种心骛八方、吞云吐雾的超凡神力，楚人志存高远的豪迈气概和对龙的尊崇敬意表露无遗。云雷纹地凤纹镜是继龙纹镜之后战国晚期出现的一种新的镜型，构图规整，其常常以龙凤相对，以单体或合体的凤的形象出现，纹饰丰富饱满，线条流畅清新，布局疏密有致，蕴意神秘而不乏生动活泼，柔美之中透出力量，洋溢出一种生机勃勃的韵律美。

中国先秦史是一部礼的秩序演变史，以礼为核心建立和维系的天与地、人与神以及人与人之间的等级关系的礼制秩序贯穿着殷周时期。青铜礼器无疑是处于礼制思想文化的中心，其凝重肃穆正好对应了礼的庄严整齐，其神秘夸张的图案纹饰则显示出从原始宗教仪式到现实理性精神的礼法演化的逻辑进程。因此，经过重组变形而产生的抽象与具象的青铜器动植物纹饰成为由掌握神圣职能的巫师（甚至国王）沟通天地神灵的助手，这种职能建立在殷周时期的知识体系中并被广泛使用而拥有普遍的有效性，正是这种"百姓日用而不知"的神圣性深深地潜存于人们的意识中，充当了思想文化的背景，成为支撑着一切思想文化的合理性和创新发展的原动力。楚式镜渊源于宗周文化体系（目前学术界认为1982年出土于湖北黄陂鲁台山 M31 的西周昭穆之际的一枚具有周文化特征素面镜为楚式镜的源头），是在楚国青铜铸制技术日臻成熟，楚文化思想艺术体系更加完美的战国时期发展和繁荣的，虽然这一时期礼乐制度日渐衰微，但楚国独特的地理环境和楚文化的鲜明的特性，使得楚式镜一方面被深深地打上了礼制文化的烙印，承载和诠释礼乐文化的内涵；另一方面传统的礼制文化已行将崩溃，百家争鸣，文化凸现繁荣。楚文化求变创新和浪漫的特质，决定了楚式镜从造型与艺术上的独具一帜，其造型的轻灵，构图的自如，线条的流畅，纹饰的清新，在青铜器庄严凝重的大家族中呈现出一派生机盎然、勃然向上的气象。

楚文化渊源于周文化，经数百年的卧薪尝胆终在春秋中期勃兴于世。楚文化的显著特征是因其历史和地理环境而留存着强烈的原始巫风，从而展现出一个浪漫惊艳的世界。楚人的信巫好鬼、多神崇拜和崇道哲学的精神根植于楚人意识的深处，楚人的心灵世界与外部世界、主体与客体永远是一元和整体的，是联系和连续的。因而楚人在社会生活和艺术创作上表现出的种种怪诞，是心灵和自然一体性、联系性的真实流露，这是楚文化的基本点和出发点。在《楚辞》中楚的贤哲已构建了一个天上与地下、历史与今天、神人与世人完全并列的完整的世界，是一个"充满了幻想、神话、巫术观念，充满了奇禽异兽和神秘符号象征的浪漫世界"，成为楚人打通天上地下人间，共时古今的心灵思路。青铜礼乐器的厚重与肃穆，漆木器的繁荣与艳丽，玉器的精细与高尚，服饰的精工与华美，帛书帛画的神奇与惊艳，简册的丰富与《日书》的神秘，这些构成了楚文化独特的风景线，展示出楚人热情奔放的创造力和深厚、唯美、浪漫的思想艺术。楚文化中常见的艺术母题龙、凤、虎、鹿等备受楚人的尊崇，具有通天地神灵的本领，这些动物被广泛地运用于艺术创作中，形成极富浪漫情趣的神秘合体形象，如虎座飞鸟、镇墓兽等，体现出楚人精神生活中天人合一，神灵相通的最本质的特性。楚式青铜镜出现于春秋中晚期，至战国早期，其装饰为素面或仅有简单的弦纹，其制作较粗率，其发展被掩映在青铜器大家族中而悄然无声，以至于一方面战国中期在楚文化腹地湖北荆门包山M2和河南信阳长台关楚墓中出土的漆绘镂空龙凤纹镜和彩绘方形、凤纹镜等，虽特色显明，承袭了青铜礼器和漆木器的工艺风格，然铜镜在青铜器大家族中的边缘特性使其明显受到冷落排挤而前程暗淡。另一方面，春秋中期以后，楚文化南渐，楚国经略江南，至战国中期，楚人已尽有江南，在长沙、益阳等地置县经营，"长沙，楚之粟也"，长沙已成为楚之江南重镇。楚式镜在长沙这块新兴的相对安定的政治经济军事重镇，摒弃了传统礼制文化的束缚，如沐春风而生机勃勃，似脱缰之马而纵横驰聘，加之铸造工艺和装饰技术的日益成熟，商品经济的日渐发达，铜镜需求量的急剧增长，特别是战国中晚期以来，楚文化腹地江陵受到秦文化的侵扰和打击，此时长沙在楚国的政治力量的庇护与重振，经济的保障与发展，文化的传承与创新的战略大后方的位置十分显要，大批楚贵族精英文化的南迁（如屈原的放逐），为长沙地区思想文化艺术带来了质的提升，为楚式镜在长沙的发展奠定了物质和思想文化艺术基础。突破了礼制文化的束缚，社会动荡转型期文化艺术的创新，终使铜镜这一器型轻巧的生活日用品青铜器在长沙已赫然列入主要器类（其另一原因可能受长沙地区铜矿资源缺乏的因素）而受到专攻精铸，长沙已迅速成为战国中晚期楚式镜的铸造中心。战国时期长沙楚式镜形制规范，合金比例科学，纹饰精美，形成了较为详备的完整的工艺体系和发展序列，标志着中国古代铜镜从早期的稚朴走向成熟。战国中期羽翅纹镜的出现，是楚式镜装饰风格的里程碑式的突破，从此以精细的羽翅纹和战国中晚期之交出现的云雷纹为地纹衬以变幻丰富的主纹，形成二层或三层重叠的装饰特色，呈现出一种既规整有致又生动活泼，既庄重整齐又色彩灿烂的锦上添花的艺术风格。在楚式镜中，草叶的生机，山字的旋动，龙的威严，凤的柔美，鹿的神明，兽的攀援，猿的跳跃，菱形纹的空旷，连弧纹的和谐以及经揉合创造而形成的对峙、环绕、追逐等排列布局的图案，精致而完美地展示在楚人朝夕相伴的铜镜中，目的在于传承文明与文化，展示精神与思想，企求幸福与美好。可以说，楚人的价值观、宇宙观，楚人的思想与文化的特质，楚人的艺术精髓在楚式镜中得到了真切的诠释和全面的反映，因此，楚式镜拥有了生生不息的力量，在战国晚期至秦汉时期仍广泛流行。

战国时期在与楚国交流较为频繁的几个诸侯国之中，秦镜纹饰极其简略，大多为粗弦纹；中原韩赵魏三国依然是以素镜为主，纹饰种类也不如楚镜丰富，风格上更为粗犷，铜质也较差。楚式镜是一例成功的文化移植与本土文化再创造完美结合的典型。从出土铜镜的情况看，秦地出土了较多的楚式镜，而中原地区的关陕一带也有出土，但是楚地却鲜有其他国家的铜镜出土。直到汉代重新统一天下，也几乎没有从中原地区青铜镜的纹饰中吸取过特色，早期汉代铜镜几乎完全模仿楚镜风格。可以想象在当时，楚国不但有大规模的价值观的输出——云梦睡虎地秦简的《日书》几乎以楚人的观念为主导——也有大规模的技术与艺术的影响力。"楚虽三户，亡秦必楚"，指的便是楚人强大的精神武器和不息的文化追求，这与后来清代杨度评价湘人"若道中华国果亡，除非湖南人尽死"如出一辙。

清奇的楚式镜，以其规范化的形制，精美的装饰纹饰成为战国时期东周列国中青铜铸造业的一支奇葩，它与楚国的丝织、漆器、老庄哲学、屈原诗歌、美术与乐舞一样构成了楚文化的核心内涵，同时它神秘的产生与发展，精妙的工艺与艺术，深邃的思想与文化，留给后人无尽的思索与遐想。

天人合一
——以形象天的西汉铜镜

西汉是我国铜镜发展史上第一个鼎盛时期。相比于楚式镜风格统一的灵秀清奇，西汉铜镜则是经历了三个不同的发展阶段，每个阶段都有其显著的风格特征。

第一阶段，模仿楚式镜的风格与布局，初步出现铭文，时间上对应的是汉初。而这一阶段的汉镜，基本上是以模仿楚式镜为主：地纹明显，主题纹饰为变形龙纹，镜胎薄——基本与战国晚期的楚式镜无异。这一阶段后期地纹逐渐模糊，直至消失，镜胎变厚，主题装饰创造性的出现了铭文，而铭文又有"长乐""未央"等字样，很明显这是未央宫建成（汉惠帝以后，约为文景时期）之后的产物了。

第二阶段，各种纹饰与布局的尝试阶段。这一阶段与第一阶段在时间上略有交错。西汉初期的山东满城窦绾墓与长沙的曹䠊墓出土的草叶压圈带纹样的铜镜，就是汉镜尝试阶段的开端。此后陆续出现的镜缘装饰内向连弧纹，主题纹饰主要有草叶纹与星云纹（蟠螭纹是否为星云纹的前身尚值得商榷）。此一阶段的后期，即西汉中期，又出现了镜缘装饰素宽沿，主题纹饰内容开始以铭文为主，"日光"、"昭明"、"清白"、"铜华"等都是此时的主要装饰文字。纯粹以文字装饰为主的日光、昭明等铜镜在西汉中晚期的铜镜中处于主流。略晚一些，又有四乳四虺、鸟兽等题材的纹饰出现。这些题材一直流行到西汉晚期至新莽时期，到东汉早期又出现了新的纹饰题材，如重圈带铭文铜镜。到此时，采用厚重的素宽沿已基本成为当时铜镜的主流思维，一直流行了数百年，到六朝时期都还在使用。

第三阶段，纹饰风格的大一统阶段。从博局纹铜镜的出现，标志着西汉铜镜的发展进入了顶峰。此后，对铜镜装饰的尝试与创新都进入了相对沉寂的时期，东汉以降几乎所有的铜镜都采用古朴厚重的镜胎，纹饰也大致相同——几乎都是博局纹，并饰有四神兽以及其他瑞兽，纹饰外铸有一圈铭文。到东汉晚期和三国两晋时期，因为道教的兴起，铜镜纹饰才出现了龙虎纹这样新的题材。值得指出的是，随着东汉晚期的天下大乱和割据政权的兴起，汉代铜镜又出现了一个新的小高潮，从画像石画像砖和墓室壁画中借鉴出来的装饰题材，高浮雕的装饰手法，新式对称布局等，标志着汉镜已经在某种程度上走出了原初所代表的意义。至此，铜镜的发展又转入了下一个发展时期。

汉初铜镜模仿楚式镜，有着无法避免的历史与现实原因。汉承楚制，这个由楚人建立的大汉帝国，最初的思想文化意识和工艺技术无疑承袭着楚文化的因子。楚镜是铜镜发展的第一个高峰。在没有更精妙的纹饰与工艺出现之前，这样精致绝伦的制造工艺一定是被模仿和学习的对象。再者在西汉建立之初，国力衰竭，民生凋敝，百废待兴。经过汉初三代人的努力，休养生息，发展农耕，这才有了一定的财富积累。"仓廪足而知礼节"，农业的积累才能带来其他手工业经济的发展，因此一直到文景之时的铜镜，都带有鲜明的楚镜风格，也就不足为奇了。

在铭文镜出现之前，最具有代表性的铜镜莫过于星云纹镜。星云纹镜的定名和来源，《中国古代铜镜》一书中就给出了两种解释，一种是认为其形状类似天文星象，故有星云纹知名；另一种则以汉初的蟠螭纹铜镜做类比，认为是从蟠螭纹渐次演变过来的。但是从整个汉代的思想氛围来说，即使星云纹与蟠螭纹有演进的关系，但是这一变化也仅仅是为星云纹的出现提供一个美学星象。天地祖先崇拜，鬼神信仰在西汉时期极为流行，五行阴阳学说，谶纬之学充斥于汉代人的日常生活。整个社会的心态，都与"盖闻圣贤在位，阴阳和，风雨时，日月光，星辰静，黎庶安康，考终厥命"（《汉书·元帝纪》）这样一种"天人合一"的思维观念密不可分。在这样一种思维下，描绘天文星象的铜镜的出现可以说再自然不过，星云纹镜可以说是汉代铜镜这种以形象天的思维的最初代表。

汉镜的发展经历了对楚式镜的模仿阶段，开始有独立的特色，始于铭文镜的出现。铭文镜是铜镜发展史上一个革命性的创举，从此铜镜所承载的当时人们的心理、意识、愿望，被直接明晰的表达出来。铭文镜的出现略早于星云纹镜，但是星云纹镜在兴起一段时间后便很快衰落下去，而铭文则从最初仅仅点缀镜背主题纹饰的情况下，迅速地发展起来，且风靡一时。

铜镜之所以铸有铭文，用镜作镜的人之所以相信这铭文有如同谶语般的应验，是因为在古代，铜镜的铜被认为是"金精"，而镜子的明澈又有特别的神秘意味。古代先人对铜镜怀有神秘感，从先秦以来就有，一直到后世，在堂内高挂"明镜高悬"的牌匾，相信镜能照出人心，镇祟辟邪。据日本学者福光永司的研究，"把镜子作为这个世界的支配者，作为帝王权力的象征而神秘化、神灵化"，则从西汉末年谶纬大盛时就十分普遍，特别是铜镜仿照天象而作的，因此它仿佛是天的象征。而西汉早中期的铜镜铭文，更是明确的指出，铜镜本身"内清质以昭明，光象夫日月"，这样的铭文又使人们有一种恍然大悟的感觉，原来它的"形"与"质"都是以"天"为依据的，也正因为如此，汉代几乎不见方镜，圆镜的形质都具有"天"的神圣意味，也有着"天"一样的不言而喻的神秘力量。这些内容始于谶纬之术开始流行，鬼神之说甚嚣尘上的时代，与西汉墓葬中普遍存在的升仙、神鬼题材也是一致的。

考察汉代铜镜的铭文，更是能从中得到铜镜对于揭示当时一般人的思想，有着极大的映射作用。

西汉时期处于主导的地位的铭文，多是以宣扬和暗喻铜镜本身的骈文为主：

见日之光，天下大明。

内清质以昭明，光象夫日月，心忽扬而愿忠，然壅塞而不泄。

洁清白而事君，怨阴欢之弇明，焕玄锡之流泽，恐疏远而日忘，慎糜美之穷皑，外承欢之可说，慕窈窕于灵泉，愿永思而毋绝。

清涷铜华以为镜，照察衣服观容貌，丝组杂逻以为信，清光宜家人。

昭明、清白、铜华三类铭文铜镜，盛极一时，曾经在出土汉镜中占到九成以上的比例。但是这类阳春白雪的铭文，显然并不能表示当时一般的世俗思想。

表达汉代人们思想意识的铜镜铭文，从西汉初年对楚镜模仿的阶段开始，一直到汉镜铸造工艺的没落，都一直存在。其内容也是包罗万象，无所不及。

铭文的第一类，是汉代人们对于长生的期盼，他们渴望在世间的生命得到永恒：

千秋万岁。
延年益寿辟不详。

铭文的第二类，则是表达一种对世间的世俗幸福的羡慕与希望，人们企求"乐无事，常得意，美人会，竽瑟侍"，这类的追求体现在铜镜铭文上即是：

长富贵，乐未央。
大乐富贵得所好，千秋万岁宜酒食。
毋忧患，竽瑟侍，心志欢，乐已茂，固常然。

另外还有一类表达男女爱情观的铭文：

长相思，勿相忘。
愁思悲，愿君忠，君不悦，相似愿毋绝。

由于人们相信铜镜含有的神秘力量，因此常会以铜镜为谋介进行各种仪式来实现自己的美好愿望。洛阳烧沟汉墓M38A、B两个棺内各放半枚残镜，两个残镜合起则来是一枚完整的铜镜。可见这类"破镜重圆"的观念在当时就已经出现。以铜镜来暗喻爱情圆满的做法，在后世则更为流行。

西汉铜镜的铭文，与东汉时期所流行的在内容上有了极大的区别。西汉铜镜的铭文还多为雅致的骈文，文意与语句有时候相当晦涩不明。东汉铜镜铭文则是以通俗的文字表现一般阶层的世界观与世俗愿望。新莽以后到东汉最为流行的一类铜镜铭文表现了汉人对死后的世界观念，而我们早已反复的在汉墓里出土的画像石、画像砖以及帛画中体会到汉时的升仙思想在当时的社会风气中占有至关重要的地位。铜镜铭文中对于这种自由的向往则是更为突出：

尚方作镜真大好，上有仙人不知老，渴饮黄泉饥食枣，浮游天下遨四海。
参驾蛟龙乘浮云，白虎失，上大山，凤鸟下，见神人。

与死后世界观相对应的，则是汉人的神鬼观：

左龙右虎备四旁，朱雀玄武顺阴阳。
仓龙在左，白虎在右，辟去不祥宜古市。
白□朱鸟玄武，白虎青龙。

对于汉代的中国人来说，与后世的中国人所表达的对于延续子孙，以此来达到生命真正的绵延和永生的意志基本上是一致的。我们可以看到的是，铜镜铭文中表达子孙绵延的希望往往又与位居高官庇荫子孙这样的观念相结合，这与当时的军功授爵，保举郎官以及举贤良方正等的开放性政治制度相关。

这类思想观念的表达，在汉镜中又是相当的丰富：

长宜君亲利孙子。

宜官秩，葆子孙。

然于举土列侯王，子孙复具治中央。

长保二亲子孙力，官位尊显蒙禄食，传告后世乐毋极，大利兮。

在所有的铜镜铭文中，最有鲜明时代特色的就是关于有汉一代的民族与国家观念形成的铭文。从战国时期赵国大将李牧戍边抗击匈奴，蒙恬监修长城，到汉高祖被困平城，直至汉武帝时期彻底击败匈奴，在这连年不断的民族战争中，汉民族逐渐在与其他民族的对抗中，获得了本民族的意识。这就是夏曾佑所说的"中国之教，得孔子而后立；中国之政，得秦皇而后行；中国之境，得汉武而后定。"因此，人民与国家的观念，在铜镜铭文上表达的尤为明显：

王氏作镜四夷服，多贺国家人民息。胡虏殄灭天下复，风雨时节五谷熟。

中国大宁，子孙益昌，黄帝元吉有纪纲。

西汉后期到东汉中期，随着观念的逐步变化，墓葬中的画像内容也由求仙问道变成了表现世俗生活的题材。而与之相对应的铜镜中常有的十二辰布局，以及它的周边四神与瑞兽、廿十八星宿图案，以及铭文中出现的"左龙右虎备四旁，朱雀玄武顺阴阳"。我们可以看出，在汉代人的心目中，这面小小的铜镜，就仿佛天圆如笠，代表了天的秩序。于是，他们将自己的心愿与理想，都铸进了铜镜铭文之中。我们可以看到的是一个逐步世俗化的过程，从最早开始兼有"大乐贵富"这样世俗的理想和"内清质以昭明……"这样形而上的理论，到后来魏晋整个社会都盛行清谈，而铜镜铭文却只有"君宜高官"、"位至三公"这样具体的心愿，我们可以看到铜镜铭文中所表达的观念在逐步的具体化、普遍化和一般化。以骈文来歌咏铜镜本身，体现汉代抽象的天人宇宙观的铭文不再出现，而代表普通民众思想和追求的铭文却长久的占据了铜镜铭文的主题内容。

有别于楚式镜浓厚的地方风格与求变的铸造思路，西汉铜镜的出现一开始就带有强烈的同一与稳定的性质。某些纹饰一经出现，便占据了当时铜镜纹饰的主导地位，除了在极少数细节部分做出变化之外，其纹饰与布局甚至在数十年甚至上百年的时间内也没有进行改动。从考古发掘的资料来看，自汉代中期昭明、日光类铭文铜镜完全有别于楚镜风格的铜镜出现之后，其数量一度达到铜镜总数的九成以上，而这类铜镜一直到西汉灭亡也几乎没有进行大的创新，只是在铭文上略有改变，或在字体上变为时兴的方隶；而博局纹布局的铭文铜镜出现于王莽改制时期，打破了西汉时期昭明、日光类铜镜一统天下的局面，但是在此后博局纹铭文镜成为主流之后，又占据了数百年的主导地位，甚至一直影响到三国六朝时期。

西汉铜镜具有的这种模仿—创新—稳定的特征，正是在当时的历史背景下产生的。在国家大一统和学术一统的情境之下，春秋战国以来王权解析带来的文化差别和地域特性终于被化解。经历了汉初模仿楚式镜纹饰与布局，各地铸造铜镜风格各异的阶段之后，汉镜终于确立起自己的风格，进入了一个形式风格、纹样图案、铭文内容等相对一统的时期。这个过程，也正好与汉朝建立历经三代终于逐渐整合了政权、文化与思想的历史过程相吻合。

清浊汇流
——承前启后的新东汉三国六朝铜镜

本节从时间范畴来说,属于两汉时期的后半部分及其延续,但是从铜镜及其具体的纹饰风格发展演变上来说,却又是迥异于西汉时期。汉代铜镜作为一个时期的铜镜发展阶段自成体系,但是其中的装饰风格却经历了明显的两个不同的阶段。至西汉末期,随着政治文化上的大一统,铜镜风格也趋于统一,到了东汉时期,铜镜风格趋同则更是明显加强。但是随着东汉末期政权分裂时代的到来,铜镜的装饰风格,在不同的地区,又有着显著不同的发展阶段,因此从表面上看,汉代铜镜经历了一个分——合——分的过程。同时在东汉末期到三国六朝的政权割据中,并没有形成像战国末期那样楚镜一支独大的局面,铜镜的发展显然减少了政治因素的影响,而渗入了新的因素——即新经济中心的形成开始带动铜镜制造业。可以说,上一节探讨的汉代铜镜发展,不是单纯的历史循环,而是一个从楚式镜浓厚的地方风格与求变的纹饰,到西汉镜强烈的同一与稳定,再到东汉时期铜镜的地区性差异,类似于"正——反——合"式的螺旋式发展阶段。而新东汉三国六朝,虽然只是这历史时段发展的后半以及延续部分,但是从艺术风格来说,却是一个崭新的时期,值得以更多的笔墨来关注。

东汉与西汉在政治上有较大差异,西汉以自耕农为主,到汉武帝后期才开始大量的兼并,由于东汉王朝是在王莽"抑兼并"抑出大乱之后建立的,它因此改行无为之治,对权贵豪强肆意兼并土地和人口少有干预,结果国家赋税之源尽落权豪之家,致使国库空虚、财政拮据成为这个王朝的长期现象,并以此与西汉形成鲜明对比。最后它终于在"官负人责(债)数十亿万"的窘况中走向灭亡。可以说,东汉王朝从开国之日起便埋下了分裂的因子,有了文化区域化的土壤。同时,东汉时期对江南地区的开发,也促成了江南地区区域文化的成长与吴地士族的壮大。五胡乱华以后,由于汉末以来王权解体和南北文化的分裂而造成的江南吴文化兴起,加之中央政权南迁并融入南方社会,吴文化获得了极大的发展空间,并因此影响了整个东晋六朝时期。到西晋末年北方士族南渡,已经不得不面对南北文化差异的现实,进而在文化上力图向江南士族靠拢。这一过程,也充分反应到了铜镜纹饰的风格上。在这种历史背景下,东汉时期最为流行的神兽镜与画像镜兴起于长江流域,出土地点也大量的分布于南方,包括浙江绍兴、新昌、宁波、浦江、武义、瑞安、安吉、湖北鄂州、江苏南京、江都、泰州、无锡、江西南昌、湖南长沙等。这些地方在三国时期都属于吴国的范围,其中浙江会稽与湖北鄂州更是制造中心。

从当时的文化背景来说,从东汉末到三国六朝时期,是中国历史上一个传统艺术的"自觉时代"。东汉末年的三国纷争,魏晋朝代更迭,中原五胡乱华,南北朝分裂带来的制度的毁坏,现实的混乱,以至于儒家学说在一时之间的式微而导致魏晋玄学的兴起,以及佛教传入给中原文化带来的思想冲击和观念重构,在这一时空中让人眼花缭乱地纷纷上演。但是,这一色彩缤纷的艺术时代,却并没有多少落实到铜镜上得以表达。相反,铜镜在表达时人尤其是上层的思想、心理与当时整个社会艺术文化上,却远远无法与楚式镜和西汉镜相比。

东汉为铜镜发展的一个分水岭,之前与之后铜镜都无法达到在西汉那种通天地神鬼的神秘地位。汉代之前,铭文仅仅出现于青铜重器之上,到了汉代却将铜镜作为敬天地事鬼神的一种器物,赋予了较为特殊的地位。东汉末年铜镜纹饰功能又为之一变,铭文减少,而以前只出现于墓葬壁画、画像石与画像砖上的形象大量转化为铜镜纹饰。三国时期的古体诗,魏晋时期流行的玄学,东晋南朝风靡的行书与散文,却未曾有过一丝一毫的痕迹体现在镜背之上,更不用说成为流行风尚。而在上层与民间都风靡的佛道宗教题材,接替了东汉以来的谶纬之学与神仙思想,成为了镜背纹饰的主流。尽管秦汉时期盛行的四神仍然继续存在,但是东汉以降最为流行的纹饰神兽纹,其故事内容多为反映道家神仙的题材。龙虎镜这类在当时广泛使用并影响后世的题材也被证明是与道家思想相关。《性命主旨》里有"龙从火里生,虎向水里生,龙虎相亲,坎离交际"。这印证了东汉后期道教兴起,尤其是在民间,给当时人们带来的思想文化上的变迁密切相关。而佛教的崛起，完全迎合了东晋以后社会各阶层的精神需要。对于上层人士来说，佛教与玄谈几乎等同，是一种精神武器和生活情趣；对下层人士来说，佛教可以带来心灵的解脱，于是大江南北，佛教风靡。龙虎纹、莲花纹的流行正是这一时期上层文化与民间文化均认同的真实反映。

值得指出的是，从东汉后期开始至三国六朝铜镜的纹样布局也发生了巨大改变，其纹样布局的统一性被打破。画像故事开始出现于铜镜装饰，伍子胥自刎的故事，东王公、西王母的题材等渐渐占据了铜镜纹饰的主流。而这种方式在某种程度上替代了铭文的作用，以镜钮为中心的对称构图也不再是唯一的构图方式。西汉末年以来的布局风格以及东汉时期盛行画像镜的纹饰布局，基本上都是采用四分法，钮座外的主要部分分为四区，而汉末到三国六朝流行的神兽镜纹饰却演化出了求心式（即做环状布置）、对置式（即采用四分法）、同向式（即神兽作统一方向的布置）和重列式（或称阶段式，即神兽排列成上下数重）等几类。在构图上，既注意到互相呼应，也注意到各个神兽动态的协调和谐。在表现技法上，采用了圆面浮雕，已经从之前以装饰趣味取胜，到凭借立体感和真实感取胜。这都表明，如何在排列布局上更好的凸显纹饰的特色，完整地表达铜镜纹饰的思想和内涵，已经成为设计者与工匠们考虑的重点。

中心对称式布局被打破，这种变化也昭示着，铜镜不再完全单纯地作为一种天的暗喻形式，不再拥有先前那么神圣的意味。铜镜纹饰也逐渐从拘泥于铜镜的形状而造成的纹饰题材单一的情况中跳出，变得更加丰富多彩并更亲近社会风尚。而铜镜本身，也从一种带有神秘意味的"金精"，逐渐与"大传统"的文化脱钩，慢慢的开始进入"小传统"的范畴。

最后必须提到的是，在分裂时代尤其是北方汉文化被剧烈的冲击情况下，南北方铜镜无论在题材上与铸造技术上，却并无显著的差异。汉晋交替时代的铜镜，承接了汉代末期以来将墓葬中的壁画与画像中的宴饮娱乐题材融入铜镜纹饰之中的风格，虽经汉末战乱的影响，而三国以及两晋的铜镜铸造技术与纹饰并没有较大的创新和发展，仅仅是在钮式上有所变化以及加入了带有强烈浑厚气息的半圆方枚。这应该是属于铜镜发展变化的正常过程，并不是特别重大的革新与变化。这一时期的南方铜镜在数量上显然占有优势，而东晋南朝的风流气象在铜镜上并无特别表现，此后在文化上南北双方都无明显的优势，但是由于南方的战乱明显少于北方，才得以保持在经济上的持续性优势。这一时期北方与南方铜镜纹饰的不同发展与变化并不如整个社会历史文化发展一般而条理清晰，特征分明，尤其是分裂时期的滞后性更为明显，一直到隋代初期，半圆方枚镜依然存在。

这说明在与"小传统"文化渐行渐近之后，铜镜纹饰的政治文化敏感度显然要减弱了许多，与经济的联系却比任何时候都要更加紧密，这也为隋唐盛世的铜镜纹样风格趋向和风行埋下了一个伏笔。

海纳百川
——活色生香的隋唐铜镜

随着隋代的大一统，战乱时代的结束，隋镜区别于前代独特的风格也逐渐确立起来。始于南朝时期镜背纹饰分栏的形制被隋镜吸收并发扬光大，一直影响到唐代中期。

隋镜有其鲜明的时代特征。首先，铭文较多，字体为当时流行的楷书，内容也均为流传较为广泛的乐府诗和绝句，这说明汉代以来人们习惯于在镜背铭文中倾诉愿望与理想的做法已经被抛弃。其次，隋镜开始引入来源于其他文化意识的纹饰，比如宝相花。南北朝时期盛行佛教，隋文帝更是虔诚的佛教信徒，这一外来的宗教极大的影响了当时人们的生活与思想意识。第三，铜镜纹饰开始走向现实审美。隋代虽然受佛教影响甚深，但是佛教故事一直不见于铜镜装饰，并没有像汉镜一样将神话故事作为主要题材，而是对久已熟知的佛教内容和题材加以变化，使之更适合本土文化的口味。这标志着铜镜的纹饰进入了一个新的时代，专求美观与赏心悦目的做法占据了主流。

如果说某些隋代铜镜还保留有汉以来铜镜的风格，比如锯齿纹依然还残留在某些铜镜之上。但是，唐代铜镜的发展，就显然表明，唐代铜镜不但与汉代铜镜毫无相似之处，与隋代风格亦相去甚远。

唐代前期的铜镜保留有隋代铜镜的特色，镜背纹饰分栏而显大气厚重，尤其是瑞兽葡萄纹饰在当时占有主流地位。两汉之际葡萄就已经传入中国，但是直到唐代，才随着葡萄酒的盛行，在唐人的生活中开始流行起来。如果说宝相花还只是通过对佛教题材的现实提取，葡萄纹的出现则代表了真正的写实题材的确立。技术的革新与文化的交流更推动了唐代铜镜不同于前代铜镜的大发展，金银平脱、嵌螺钿、金银背、鎏金、彩漆绘、嵌琉璃工艺层出不穷，争相竞放。整体来说，相比前代的铜镜，或灵秀，或浑厚，唐代中后期的铜镜显得脂粉味十足，带有极强的装饰性意味，而唐代也正是普遍存在的以铜镜为嫁妆与爱情信物的观念，更是让鸾凤；花草这样的题材占据了主流。

必须要指出的是，在唐代由于经济重心的南移，"扬一益二"这样新兴的经济中心的出现，打破了政治、文化中心与经济中心紧密结合的传统模式。扬州不存在任何政治上与思想文化上的负担，而作为一个纯粹的经济中心、同时又是手工铸镜业中心。《朝野金载》卷三载：中宗李显"令扬州造方丈镜，铸铜为桂树，金花银叶。帝每骑马自造，人马并在镜中。"三国六朝时期虽然经济中心南移却是伴随着政治重心的南移一同完成的，归根结底仍然是随着政权与之所代表的文化一起迁移。而唐代安史之乱后经济中心的南移却是与政治文化脱离开来的，这样的历史剧变所带来的技术与意识上的变革是显而易见的。唐代中后期的铜镜纹饰逐步脱离了与政治文化中心的紧密挂钩，而倾向于较为彻底的民间商业途径。

至此千百年来以镜象天的做法，与汉代画像石、画像砖甚至楚文化中漆器笒床一样作为反映人们最基本的思想意识的铜镜，最后的神秘也已经消失，更多的是作为一种家常必备的生活用品出现。

其中最引人瞩目的一点，在隋代甚至在三国六朝期间已经初露痕迹的宗教题材和画像题材此时蔚然成风。唐代大批月宫镜中对民间广为流传的嫦娥盗取仙药飞天的故事集中表现，也是道教大兴炼丹服药以求长生做法的反映。而在唐代的天象镜中，有四神、北斗、二十八星宿、天干地支，其铭文为："百炼神金，九寸圆形，禽兽翼卫，七曜通灵，鉴□天地，威□□□，□山仙□，奔轮上清"，这就是地地道道的道教求仙信仰。

虽然铜镜从出现伊始就带有强烈的神异性，而这种通天性质的观念在东汉已经开始没落，但是在宗教氛围浓厚的唐代，在道士的推动下，铜镜的神异性又开始大行其道。唐代著名道士司马承祯向玄宗皇帝进献了三枚含象宝鉴，其一有日月星山，铭曰："天地含象，日月贞明，写规万物，洞见百灵"；其二有龟，铭曰："龟自卜，镜自照，吉可募，光不曜"；其三有归及四神，形与汉镜同，甚至铭文也是"左龙右虎辟不祥"的内容。司马承祯强调了镜的神秘性，并大大宣扬了其宗教性，并将"道"作为终极真理的深渊哲理性带入铜镜纹饰之中。这说明在铜镜纹饰的发展演变过程中，道教不但通过思想渗入，也通过直接的纹饰设计来影响铜镜本身的含义。

而铜镜本身在道教中的含义绝非理论上阐述，反而是通过一系列的仪式与献祭来强调和异化铜镜的作用。《灵宝无量度人上经大法》卷十五就记载了造镜献祭：用香花酒果祭之，次用摄镜咒祝之，祭曰："小兆真人性命，谨致祭于某镜中灵神，镜中灵气，直镜侍镜护镜一切神灵。某受太上玄元宝镜，洞照阴阳冥皓，神灵妖鬼，求与神通。某今祭尔神灵，尔等神灵当使某目明耳聪，视听彻达，洞及阴阳不测之机，功成同赏，必不负违。尔其神灵，惟其听之。"此后还要叩齿并念咒曰："太玄上皇，禁气而澄。黄老铸炼，太上所灵。照见鬼神，洞及幽冥。神不匿气，鬼不逃形。千和所列，百魅所并。敢有不见，灭迹殄形。应当速见，不得违令。镜中之神，直镜之灵，同功成日，飞升上清。急急如上清律令敕摄。"

在民间的思想意识之中，铜镜在除了作为生活用品、装饰用品之外，同时作为一种宗教性的物品，与道教的符咒功能无二。在道教作为唐代的国教这一具体的历史事实中，铜镜的地位可以说是上升了，但是从其整体的思想史发展过程来看，唐代铜镜显然已经丧失了它独特的象天的功能。

而与道教在唐代作为国教的情况相对应的，佛教显然在中国经历了反复的被打压与再次兴起的过程，但是佛教对于整个中国社会，尤其是下层民众，其影响是极其深远的。大量寓意佛教思想文化理念的图案都成为了铜镜的纹饰题材，其中包括卍字、莲花、狮子、娑罗树、迦陵频伽等。

尤其是"卍"字和莲花这两种异质文化因素的引入，甚至改变了千百年来一成不变的铜镜的造型，葵花形、"亞"字型等铜镜已登堂入室，这也从侧面说明以镜象天，以象日月的做法已经一去不复返了。

需要说明的是，这些来自于佛教的文化因素，之所以得以被当时的人们所接受并迅速渗入日常生活与思想之中，原因也在于佛教文化于中国本身的文化因素具有相通之处。"卍"这一符号曾经在青海乐都柳湾出土的陶器之上发现，其文化类型属于马厂文化，这说明西周以前，中国的先民就创造了"卍"纹，这一图案也属于华夏祖型的谱系，它本属于古代的一种符咒、护符，是一种宗教信仰的标志，最早曾属于人类所信奉的太阳神或火神。但是这种纹饰在中国获得重大发展则是在佛教入华之后。佛教对"卍"字的运用，与中国传统相暗合，这才能形成汇流，起到最大的影响作用。莲花纹则与中国文化中的"多子"含义相暗合。《杂宝经藏》卷一《莲华夫人缘》中，就提到莲华夫人的生育能力极强。"莲华夫人渐渐长大，既能行来，脚踏地处，皆莲华出。"后为乌提延王娶归，生五百子，皆大力士。这与中国传统文化中的生育文化，与"子子孙孙无穷尽也"这样的观念是极其吻合的。只有在这种文化相通的背景之下，这样的文化移植才能渗入日常生活之中，形成一时的风气而影响甚远。

隋唐时代的铜镜，是继汉镜的鼎盛而又衰落之后的一次中兴，它正是在一个本土文化发展、外来文化汇流、民间文化兴起以及新的制镜技术大发展的历史大背境中蓬勃发展起来的。正如季羡林先生所说："从整个世界自古至今文化发展的情况来看，一个文化，不管在某一时期发展得多么辉煌灿烂，但是如果故步自封，抱残守缺，又没有外来的新成分注入，结果必然会销声匿迹，成为夏天夜空中的流星。"唐代铜镜重现汉代的辉煌，呈现出活色生香的气势，其原因无外乎宏大恢张、海纳百川的盛唐气象，使唐代铜镜不拘一格，在形制、纹饰、铸造方法上都有极大的发展，将宗教因素、民间文化等融为一体，这才将源远流长的铜镜工艺推向了最后的高峰。

落日余晖
——走向衰亡的宋元明清铜镜

唐宋之际传统社会的剧烈变化，使中国的社会文化与思想也进入了一个新的阶段，这一巨大变迁带来的影响也清晰地反映在铜镜业之上。

首先，五代时期的战乱纷繁，几乎断绝了铜镜生产工艺。《资治通鉴》记载："先是，扬州富庶甲天下，时人称扬一、益二。经秦（彦）、孙（儒）、杨（行密）兵火之余，江、淮之间，东西千里扫地尽矣"。

其次，北宋开封府、南宋临安府的极度繁荣，使得中国第一次出现了市民社会，从此，社会技术发展全赖民间。一方面，这带来了北宋年间工业技术的飞速进步，四大发明有三大出现于北宋；另一方面因为铁器工艺的发展取代了铜器的生产与生活用品，又由于铜器铸造所带来的收益远远不及瓷器的制造，因此铜器铸造技术的发展已经走到了尽头，已然成为了一种夕阳工业，而铜镜也不例外。

最后，由于商业社会的繁荣，钱币使用量的大大提高，铜作为货币金属已经显得极为紧缺，整个宋代都是在官方熔铜器铸铜钱与民间熔铜钱铸铜器的反复中度过的，民间买卖铜镜多以铜镜的重量作为计价单位，铜只是一种有价值的金属，而不再是金精，铜镜本身的艺术价值已经变得无足轻重，在这种情况之下，铜镜纹饰已不重要且相较之前代已是锐减，创新的纹饰更是少之又少。

宋代铜镜在北宋时代尚且能保留有唐代余韵，纹饰上稍有创新，大量的花枝镜、花鸟镜、人物故事镜、道教题材镜都是传承唐代风格的证明。到了南宋，人物故事镜便成了主要的题材，大量的民间故事与历史故事题材都被搬到了镜背作为装饰，这与当时社会市民生活是密切相关的。随着宋代城市经济的发展，城市居民的结构也发生了变化，不仅有众多的官吏和士兵，还聚集着大量的商人和工匠，形成了一个新的市民阶层。各种民间伎艺都向城市汇合，以适应新的城市居民的文化需要。北宋东京、南宋临安等大城市里，有着数十座称为"瓦舍"或"瓦子"的综合性的游艺场，分别上演杂剧、诸宫调和"说话"等各种伎艺。南宋时，"说话"通常分为小说、说经、讲史和合生四家。小说又称"银字儿"，专讲短篇故事，题材非常广泛，举凡爱情、公案、神怪以及历史故事等，几乎无所不包。讲史，专说历史故事。说经，包括"说参请"、"说诨经"，专讲宗教故事。合生，也作"合笙"，滑稽而含玩讽的称"乔合生"。从这一点我们可以看出，宋代大量历史故事题材、佛教、道教题材镜的出现，都是随着这些故事在市民生活中的普及而出现的。大量民间故事于瓦肆中得到推广，深为市民所喜爱，又因为受到喜爱和推崇而出现于镜背，成为装饰题材。

但更有标志性的则是素镜以及带柄铜镜的出现。从北宋末期到南宋，湖州地区生产的铜镜基本素面无纹饰，镜背也几乎为铸造人的私人广告，而铜镜此时变得更小更薄，并出现了带柄铜镜，这也说明当时考虑得更多的是认为铜镜应该更便于携带，应该使用更顺手，铜镜铸造的首要考虑，其改进的着眼点已经从装饰镜背完全转移到使用方便上来。说明铜镜作为一种艺术品的价值也已经剥离，成为了纯粹的生活用品。此外，铜镜铸造业在南宋一代某种程度上实现了地区化生产和品牌意识，湖州的石家镜便是其中最典型的代表。这说明铜镜彻底的变成了民间作坊所生产的低技术含量手工制品。

与宋代并列的几个少数民族政权以及元代，都是在模仿宋代铜镜纹饰风格的基础上，还有少许的创新。所谓"辽亡于佛，金亡于儒"，辽人好佛，整个社会生活都弥漫着浓厚的礼佛气氛，在铜镜铸造方面都有很充分的体现。辽出土的铜镜多为佛教题材，十字花镜与迦陵频伽镜是其中最为突出的代表。而金人模仿宋的痕迹较辽更为明显，其有代表性的铜镜纹饰中有不少是中原地区流行的人物故事，其中包括达摩渡海、吴牛喘月、王质观棋等。而金镜中最有女真特色的则是双鲤纹镜。女真人为渔猎民族，世代居住于松花江的白山黑水之间，由于渔猎的关系，鲤鱼与女真人的生活关系十分密切，因此金代铜镜中以鱼纹为装饰题材的作品数量众多。

明代铜镜中最有特色的即是仿汉唐铜镜。这些仿古铜镜在明代颇为流行，往往是以真品来翻铸的，造型和真品比较接近，但是纹饰粗糙，铜质也差距甚远，一望而知便是赝品。但是这些仿古铜镜通常还会在镜面上加铸年号、作坊、匠师等文字，这也说明这些仿古铜镜并不是为了造假，而单纯是当时的崇古之情的体现。宋代金石学兴起以来无论宫廷还是民间对于仿造古代青铜器都有较多的尝试，宋代热衷于仿制殷周青铜重器和明代时兴仿制汉唐铜镜都是一时的仿古之风的具体表现。而明代本身在对铜镜的铸造技术改进与花纹的推陈出新上都已经无力再进步，新的纹饰无非是加入了更多的吉祥寓意，新的铭文更是市井俚语与吉祥字词的结合，比之宋代铜镜在形状上还略有所创新的情况更退一步了。

在整个近古以来青铜器铸造技术极大退步的历史趋势下，瓷器制造业等新兴而利润丰厚的产业出现，玉器等数量繁多的精致加工业的繁荣，明代整个青铜铸造业包括铜镜的平庸也在情理之中。这种趋势一直持续了数百年，最后在清代中期被从西方传来的玻璃镜逐渐取代。这样，延续数千年，几度辉煌的铜镜铸造也最后在暮气沉沉的气氛中画上了句号。

参考文献

葛兆光：《中国思想史》，复旦大学出版社 1997 年。

彭吉象主编：《中国艺术学》，高等教育出版社 1997 年。

高至喜主编：《楚文物图典》，湖北教育出版社 2000 年。

舒之梅、张绪球主编：《中国地域文化大系——楚文化》，上海远东出版社、商务印书馆（香港）1998 年。

湖南省博物馆等：《长沙楚墓》，文物出版社 2000 年。

上海博物馆：《练形神冶 莹质良工——上海博物馆藏铜镜精品》，上海书画出版社 2005 年。

裘士京：《江南铜研究——中国古代青铜源的探索》，黄山书社 2004 年。

刘艺：《镜与中国传统文化》，四川出版集团、巴蜀书社 2004 年。

王士伦：《浙江出土铜镜·序言》15 页，文物出版社，1987 年。

李虎侯：《齐家文化铜镜的非破坏鉴定——快中子放射化分析法》，《考古》1980 年第 4 期。

宋新潮：《中国早期铜镜及其相关问题》，《考古学报》1997 年第 2 期。

张正明：《楚文化史》，上海人民出版社 1987 年。

皮道坚：《楚艺术史》，湖北教育出版社 1995 年。

张光直：《美术 神话与祭祀》，辽宁教育出版社 1988 年。

熊建华：《楚镜三论》，《江汉考古》1998 年第 4 期。

葛兆光：《道教与中国文化》，上海人民出版社 1987 年。

湖北省荆沙铁路考古队：《包山楚墓》，文物出版社 1991 年。

河南省文物研究所：《信阳楚墓》，文物出版社 1986 年。

灵秀清奇的楚式（战国）铜镜

楚式镜是中国铜镜发展史上的第一个高峰。楚式镜以其形制和纹饰富于变化而著称，外形轻、薄，镜钮主要有弦纹钮、兽钮，少量镂空钮；镜缘多数素卷缘，亦有部分平缘；纹饰图案均为细密的地纹上再加各种主题纹饰，形成主、地纹相衬托的格局，同时还出现错金银、镶嵌绿松石、镂雕透空等特种工艺。其代表性的铜镜有山字纹镜、龙纹镜、凤纹镜、兽纹镜、花叶纹镜、羽翅纹镜以及连弧纹镜等。精美的楚式镜充分体现了楚文化的玄妙、虚无、神奇、浪漫等特色。

The Delicate and Elegant
——Chu (Warring States Period) Bronze Mirrors

Chu mirrors have marked the first peak in the development of bronze mirrors in Chinese history. The mirrors are famous for their great variety in style and pattern. Thin and light, with bow-string-patterned or animal-patterned buttons or hollowed-out buttons on their back, the mirrors have coiled or flat rims and embellishments patterns of both theme design and background design, sometimes even with special crafts of gold or silver inlay, turquoise embedment, or hollow carving. Those representatives are bronze mirrors with Shan character, dragon pattern, phoenix pattern, animal pattern, flower and grass pattern, feather and wing pattern, and linked arc pattern. The exquisite Chu mirrors fully demonstrate the mysterious, airy, and romantic essences of Chu culture.

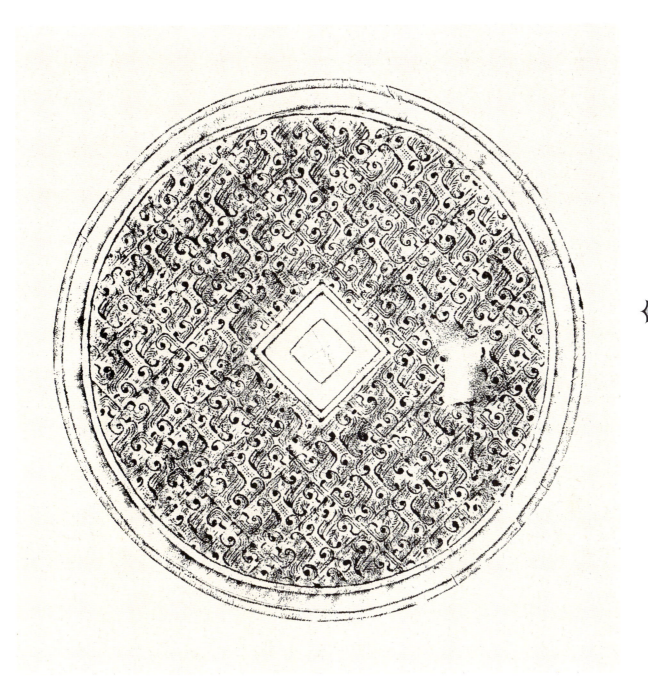

1. 羽翅地纹铜镜

战国

Bronze Mirror with Ground-Tint of Wings, Warring States Period

直径 14.4cm　重 289g

　　三弦钮，方形钮座。镜背满饰纯羽翅地纹。两组呈正反排列的羽翅纹和涡状纹组成一个长方形的地纹图案，粗端作雷纹盘旋，细端呈尖锐状。

　　所谓羽翅地纹，有的学者称之为"变形羽状兽纹"、"变形兽纹"、"羽翅纹"等，是一种兽体的变形纹。也有的学者认为，这种纹饰是截取青铜器纹饰飞龙腾蛇体躯上的小羽翅而构成的密集图像，是用同一图案的印模连续压缩拼接而成的。这种纹饰盛行于春秋晚期到战国时期。

2. 云锦地纹铜镜

战国

Bronze Mirror with Ground-Tint of Figured Satin, Warring States Period

直径 11.9cm　重 152g

　　三弦钮，圆钮座。钮座外有绚纹及短斜细纹一组，主体纹饰为三角云雷纹和卷云纹组成的云锦纹，线条细腻，富有流动感。镜缘上卷，镜面平坦。1988 年长沙市韶山路友谊商店工地 M18 出土。

　　长沙市年嘉湖楚墓 M896 出土同类镜一面，大小相同。

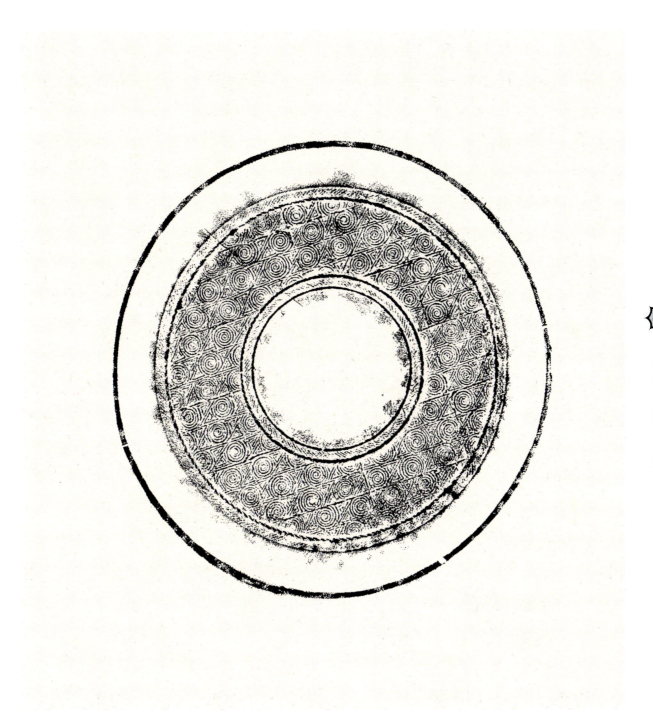

灵秀清奇的楚式（战国）铜镜

3．羽翅地四山纹铜镜
战国

Bronze Mirror with Four *shan* Characters and Ground-Tint of Wings, Warring States Period

直径 12.3cm　重 180g

　　三弦钮，双重四方钮座，镜缘上卷，镜面平坦。主题纹饰为四个"山"形纹。"山"形的两侧竖笔向内勾，呈尖角状，中间一竖笔顶住镜缘，笔划宽度均为0.49厘米，其外框镶有边缘。四个"山"形排列欠整齐，间距不均，地纹为羽翅纹。该镜保存完好，色泽作"黑漆古"状。1954年长沙市南门广场M7出土，同时出土仿铜陶礼器鼎、敦、壶一组及铁小刀一件。

　　"山"形纹镜以四山为主，亦有三山、五山、六山。湖南所出战国铜镜，四山镜占有较大比例。山形底边一般与钮座平行排列，地纹均为羽翅纹，山形多饰叶纹。

灵秀清奇的楚式（战国）铜镜

4．羽翅地四山纹铜镜
战国

Bronze Mirror with Four *shan* Characters and Ground-Tint of Wings, Warring States Period

直径 15.1cm　重 106g

　　四弦钮，双重四方钮座，镜缘上卷，稍有缺损，镜面平坦。主题纹饰为四个"山"形纹，山形右旋，笔划宽度均为0.26厘米。其外框镶有边缘，但底部一半边缘缺失。该情况在"山"形纹镜中较为少见。此镜四个"山"形排列均匀，间距基本相等，空隙处以羽翅纹填充。1981年长沙市工农桥酒厂M3出土。该墓为长方形竖穴土坑墓，随葬物除该件铜镜外还有鼎、敦、罐、熏炉、匜各1件及龙纹玉佩2件。

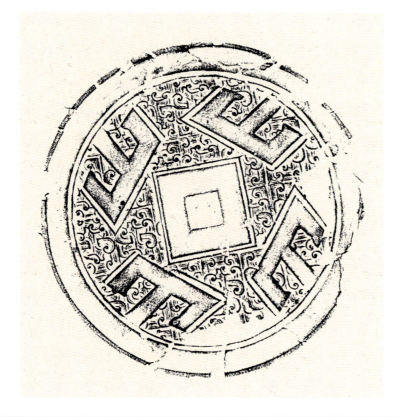

5. 羽翅地四山八叶纹铜镜
战国

Bronze Mirror with Four *shan* Characters and Eight Leaves and Ground-Tint of Wings, Warring States Period

直径 11.2cm　重 99g

　　三弦钮，双重四方钮座，镜缘上卷，镜面平坦。主题纹饰为四个"山"形纹，左旋，"山"形略显瘦长。"山"形外框镶有边沿，地纹以羽翅纹为主体，饰以草叶纹十二枚，其中四方钮座每角伸出一枚，其叶尖再向上伸出绶带状纹，分别连接其它四枚草叶纹，此镜1992年长沙市德雅村国防科学技术大学M5出土。

　　关于"山"形纹的来源问题，学术界说法众多，主要有"以字代形"、"楚伐中山"所获器形、"似为兽纹之一部所变幻"等，但这些说法都没有给它找出一个直观、可信的嬗变过程与趋势。一般来说，一种纹饰的产生发展，都是与当时的社会经济、氏族传统等文化背景因素紧密相关的，"山"形纹亦是如此，那么它的源头究竟是什么呢？在众多的原始纹样中，古蛙纹是与之最类似的。其形态从早期的半坡、庙底沟彩陶蛙纹饰，到后期的齐家文化蛙纹，最终演变成先秦青铜器、编织物上的所谓"勾连云雷纹"。此"山"形纹饰非常明显地就是勾连云雷纹的一个单元部分，故而"山"形纹是由古代蛙纹所演变而来。另外，我国最早的铜镜是发现于齐家文化，所以有可能是先有"山"形纹再有勾连云雷纹，这是一个由简到繁的过程。

　　运用多重考据的原则，结合当今民族志资料相佐证，我们可以发现在古百越、巴、楚后裔壮、苗、黎、土家等民族的织锦、刺绣图案中有大量类似于勾连纹的变形蛙纹，并且黎族至今依然把蛙纹作为图腾崇拜，由此可以窥见其发展源流之一斑。

6. 羽翅地四山八叶纹铜镜
战国

Bronze Mirror with Four *shan* Characters and Eight Leaves and Ground-Tint of Wings, Warring States Period

直径9.7cm 重121g

三弦钮，双重四方钮座。主题纹饰为四"山"形纹，左旋。"山"形的中间夹相连的两叶纹。四个"山"字纹整齐划一，间距相等。其地纹为羽翅纹，胎薄，镜缘上卷，镜面光滑平坦。1981年长沙市袁家岭大同小学M2出土。

7．羽翅地四山八叶柿蒂纹铜镜
战国

Bronze Mirror with Four *shan* Characters and Quatrefoils and Ground-Tint of Wings, Warring States Period

直径 13.35cm　重 102g

　　三弦钮，双重方钮座，钮座四角各接一叶纹。地纹为羽翅纹，排布均匀、精致。主题纹饰为四山形纹，"山"左旋，笔划瘦长，其外框镶有边缘。"山"纹腰部各夹有叶纹一组，两"山"之间各饰一组由四叶与双重圆圈组成的柿蒂纹。镜缘上卷，镜面平坦。

　　该镜为山形镜中的精品，保存完好，纹饰精细，镜面尚有光泽。1985年长沙市长岭有机化工厂M4出土。

8. 羽翅地四山八叶四柿蒂纹铜镜

战国

Bronze Mirror with Four *shan* Characters and Quatrefoils and Ground-Tint of Wings, Warring States Period

直径 12.2cm 重 145g

三弦钮，双重方形钮座。钮座四角各伸出一枚草叶纹，分别对应近镜缘处的四柿蒂纹，主题纹饰为四山纹，左旋。"山"字外框镶有边沿，每一"山"字纹中间又有一草叶纹装饰。镜背空隙由羽翅地纹填充。薄胎卷沿。

此镜1984年出土于长沙市赤岗冲铁道学院M2，1955年长沙市燕山岭M17出土一面铜镜与此镜形制基本一致，此墓时代为战国晚期。

9．羽翅地四山十二叶纹铜镜

战国

Bronze Mirror with Four *shan* Characters and
Four Bamboo Leaves and Ground-Tint of
Wings, Warring States Period

直径 13.4cm　重 129g

　　钮残，双重四方钮座，镜缘上卷，镜面平坦。
主题纹饰为四个"山"形纹，左旋，"山"形的两
短竖笔向内勾，呈尖角状，宽 0.26 厘米，中间一
长竖笔顶住镜缘，宽 0.2 厘米。"山"形外框镶边，
地纹以羽翅纹为主体，饰以草叶纹十二枚，其中
四方钮座每角伸出一枚，其叶尖再向上、左、右
方各伸出三条绶带状纹，分别与其它八枚草叶纹
交错连接，与其上方连接的草叶纹顶端又向左旋
出一道水滴状变形叶纹，整个镜面纹饰分布规
整，十分精美。1981 年长沙市主左家塘省电力局
M3 出土。

10．羽翅地四山十二叶纹铜镜

战国

Bronze Mirror with Four *shan* Characters and Four Bamboo Leaves and Ground-Tint of Wings, Warring States Period

直径 22.6cm　重 661g

　　三弦钮，双重四方钮座，镜缘上卷，镜面平坦，主题纹饰为四个"山"形纹，左旋，"山"形瘦长。其外框镶边。地纹为羽翅纹，饰以草叶纹十二枚，其中四方钮座每角伸出一枚，其叶尖再向上、左、右各伸出三条绶带状纹，分别与其它八枚草叶纹交错连接，与其上方连接的草叶纹顶端又向左旋出一个水滴状花枝。

　　该镜1987年长沙市劳动路贺龙体育场M40出土。墓内同出的仿铜陶礼器鼎、敦、壶2组以及铜剑、铍和玻璃环等，具有典型的战国晚期特征。

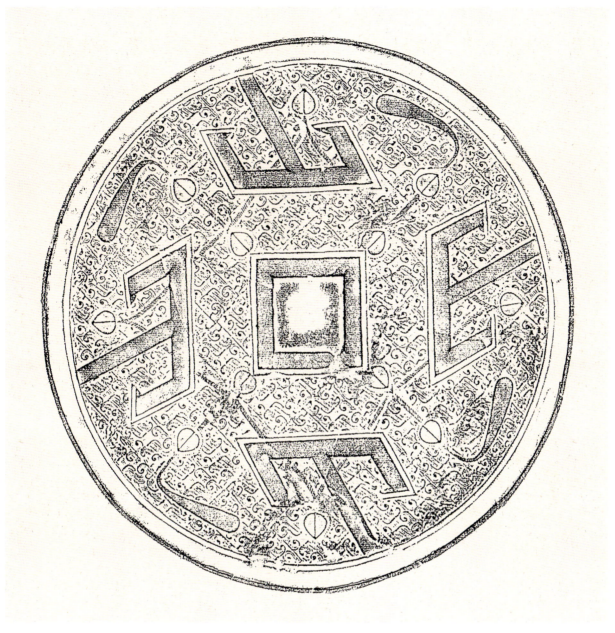

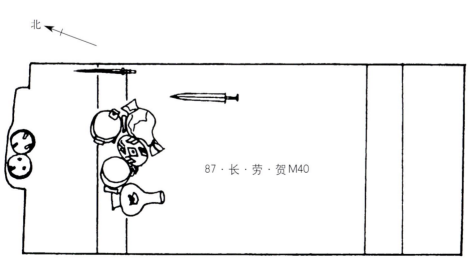

北

87·长·劳·贺 M40

灵秀清奇的楚式（战国）铜镜

11．羽翅地十叶五山纹铜镜

战国

Bornze Mirror with Five *Shan* Characters and Ten Leaves and Ground-Tint of Wings, Warring States Period

直径 14.4cm　重 364g

　　四弦钮，圆钮座，钮座及镜缘分别伸出五片草叶纹，草叶略呈菱形，其内饰有细密的叶脉。五个左旋山形纹将镜钮合围成一个五角星状区域，叶纹正好镶嵌其中。地纹为羽翅纹，此镜1992年出土于长沙胜利路市十五中学M14，该墓系战国晚期小型竖穴土坑墓，随葬器物除此镜外，仅有陶鼎、壶各一。

　　五山镜是战国铜镜中较为珍贵的镜种，据报道，到目前为止，经科学考古发掘出土的五山镜仅有4枚。如湖南长沙月亮山M15和常德德山M7，其年代均为战国晚期。

12. 羽翅地折叠式菱形纹铜镜

战国

Bronze Mirror with Quatrefoils and Over-
lapping Lozenges and Ground-Tint of
Wings, Warring States Period

直径 11.7cm　重 97g

　　三弦钮，小双重圆钮座，钮座与其外伸
出的四瓣叶纹形成一组柿蒂状纹，镜面平
坦，镜缘上卷。地纹为羽翅纹，在地纹之
上有凹面宽条带组成的菱形纹，将整个镜
面分割成九个区域，其中菱形区域五个，
三角形（半个菱形）区域四个。中心菱形
与其四边相接的四区各饰一柿蒂纹，其他
四个三角形区域各有一从镜缘内侧伸出的
叶纹。该镜铸造精美，布局均衡，纹饰清
晰，1987年长沙市人民路曙光电子管厂M1
出土。

　　1955 年长沙市廖家湾 M38 出土同类器
物，直径 12 厘米，与此镜大小相仿。

13. 羽翅地折叠式菱形纹铜镜

战国

Bronze Mirror with Quatrefoils and Overlapping Lozenges and Ground-Tint of Wings, Warring States Period

直径 10.5cm　重 77 g

　　双弦钮，圆形钮座。钮座为柿蒂纹的花蕊部分。主题纹饰为折叠菱形纹，地纹为羽翅纹。镜背分为九个区域。五个菱形区域中装饰柿蒂纹，其他四个半菱形区仅装饰一片花叶。

　　此镜 1982 年长沙市人民路建设银行 M1 出土。1955 年长沙市廖家湾 38 号墓、长沙市沙湖桥 25 号墓、1954 年湖南省衡阳公行山 27 号墓都出土过与此镜形制完全一致的铜镜。

14. 云锦地四龙纹铜镜
战国

Bronze Mirror with Four Dragons and Ground-Tint of Figured Satin, Warring States Period

直径 19.2cm   重 268g

　　三弦钮，圆钮座，钮座其外饰一周云锦纹，镜面平坦，镜缘上卷。云锦地纹上主题纹饰为四龙纹，龙张口瞪目，首尾相互缠绕。纹饰更趋图案化，线条繁杂，流畅清晰。主纹区域内、外侧均有一圈短斜线纹。1992年长沙市左家塘曙光电子厂M2出土。

15. 云锦地三龙纹铜镜

战国

Bronze Mirror with Three Dragons and Ground-Tint of Figured Satin, Warring States Period

直径 15.6 cm　重 242g

　　三弦钮，圆形钮座，钮座上亦饰有云纹与细点纹组成的地纹。主题纹饰为交连式变形三龙纹。龙首近镜缘，前屈而微垂，双角，水滴形眼珠，呈张牙舞爪状，四肢与躯干向外扩展为蔓枝状，三龙勾连交错，刻划生动。空隙处以云锦地纹填充。1987 年长沙市五里牌 M1 出土。该墓为长方形竖穴土坑墓，同时还出土有仿铜陶礼器：鼎、敦壶、豆、熏炉、盘、勺，另有玉佩，玻璃璧等，从这些随葬器物来看，此墓时代为长沙战国晚期。

16. 云锦地三龙纹铜镜
战国

Bronze Mirror with Three Dragons and Ground-Tint of Figured Satin, Warring States Period

直径 14.7cm　重 167g

　　三弦钮，圆钮座。钮座饰云锦纹。镜缘上卷，镜面平坦。主题纹饰为云锦地上饰三龙，龙纹相互缠绕。1984 年长沙市解放路向韶村 M5 出土。

17. 云锦地四龙纹铜镜

战国

Bronze Mirror with Four Dragons and Ground-Tint of Figured Satin, Warring States Period

直径 15.6cm　重 292g

　　三弦钮，圆形钮座，钮座外另有一圈凹面粗弦纹。地纹为不甚清晰的云雷纹。在地纹之上，于钮座外圈伸出四枚草叶，将镜背主题纹饰分为四个区域。每区内饰一为变形龙纹，龙纹已趋简化。龙头居中，躯体由平滑的曲线构成，一足伸至镜缘，另一足踏在钮座外的弦纹圈之上。

　　该镜 1987 年长沙市劳动路贺龙体育场 M3 出土。同墓出土的仿铜陶礼器组合为鼎、敦、壶，从陶器组合判断，此墓的年代应为战国中晚期。

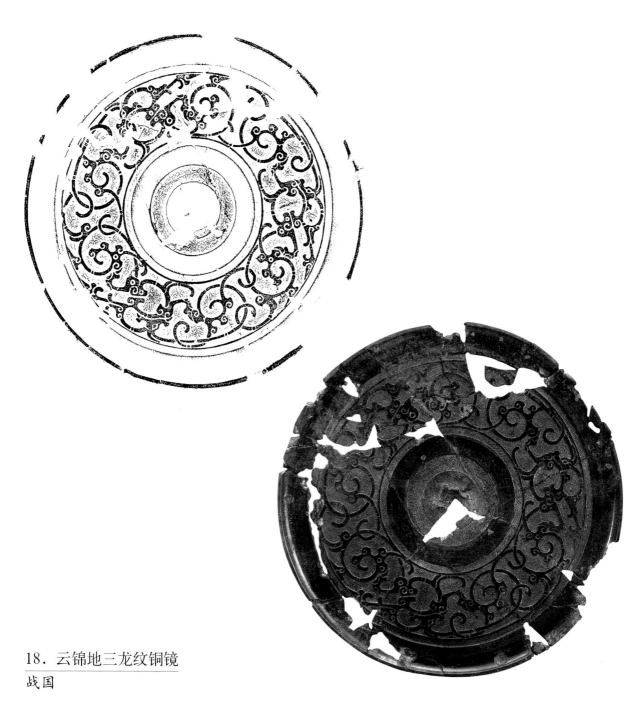

18. 云锦地三龙纹铜镜

战国

Bronze Mirror with Three Dragons and Ground-Tint of Figured Satin, Warring States Period

直径 17cm 重 258g

　　三弦钮，圆形钮座。钮座外饰有一周云锦纹。主题纹饰为变形三龙纹，龙纹作浅浮雕状，龙头在靠近镜缘的外侧，龙身呈盘旋的蔓枝状，龙吻、四肢与龙尾以平滑的线条互相勾连，三龙之间则又以似蔓枝的曲线相连，形成环环相扣、细致紧密的图案，空隙处以云锦地填充，更增添其精美之观感。

　　此镜的交连式龙纹与青铜器上常见的交体龙纹有所区别。《周礼·春官·司常》："王建大常，诸侯建旂。"郑玄注："诸侯画交龙，一象其升朝，一象其下覆。"又《释名·释兵》："交龙为旂旐，倚也。画作两龙相倚也"。据此，交龙的形象是一上一下，下者升上，上者下覆，两者交缠，称为交龙。在青铜器上，交体龙纹的体躯比较粗壮的，旧称蟠螭纹，经过变形缩小的交体龙纹，称为蟠虺纹，盛行于春秋战国之际。在青铜器纹饰中，凡是蜿蜒形体躯的动物，现均可称之为龙纹。

　　此镜 1987 年出土于长沙市近郊火星大队 M4。1959 年长沙市柳家大山 M43 出土一面铜镜与此镜形制基本一致。

19. 云锦地三龙纹铜镜

战国

Bronze Mirror with Three Dragons and Ground-Tint of Figured Satin, Warring States Period

直径 11.5cm　重 130g

　　三弦钮，圆形钮座。钮座外环绕三周细弦纹，弦纹间以细线纹装饰。地纹为圆涡纹与细密点纹组成的云锦地纹。主题纹饰为变形三龙纹，龙头靠近镜座，呈昂首向前状，龙吻抵住外围弦纹，顶部有向后伸出的弯曲的长角。身躯盘曲，三龙首尾相连，互相缠绕，形成连续图案。线条圆润流畅，主题纹饰尤为清晰。

　　此镜 1992 年出土于长沙市王公塘东风钢厂 M1，该墓形制较小，随葬器物除此铜镜外仅有陶豆一件。1955 年长沙市侯家塘 M3 出土一面铜镜与此镜形制基本一致。

20. 云锦地变形四龙纹铜镜

战国

Bronze Mirror with Four Stylized Dragons and Ground-Tint of Figured Satin, Warring States Period

直径 11.6cm 重 114g

　　三弦钮，圆形钮座。钮座外三圈凸弦纹间细线纹。薄胎卷沿，主题纹饰为变形四龙纹。龙头居于近钮座的一侧，姿态呈回顾状。龙吻，龙颈长而曲绕，前肢较短，后肢长而粗壮，已有蔓枝状。龙尾则与另一龙颈相环绕。四龙纹整体为微凸的浅浮雕，其间隙用云锦地纹填充，但地纹已不甚明显，线条也较为粗糙。此镜 1982 年长沙市麻园湾小学 M1 出土。该墓系长方形竖穴土坑墓，出土陶鼎、敦、壶各 2，陶熏炉、铜镜及玻璃环各 1，墓葬年代为战国晚期。

　　此镜地纹已经不像其他楚镜一般精细繁复，云锦纹也极不规整，云纹与圈点纹相杂，说明地纹已经出现了逐步消失的迹象，此镜铸造年代当为战国晚期。

21. 云锦地四龙纹铜镜

战国

Bronze Mirror with Four Dragons and Ground-Tint of Clouds, Warring States Period

直径 14.3cm　重 135g

　　三弦钮，双重圆钮座。外围饰以两道弦纹间短斜线纹，镜面平坦，镜缘上卷。主题纹饰为四条变形龙纹，龙呈张嘴状，躯干盘曲交错，双爪清晰。线条流畅连贯，紧密排布，地纹为卷云纹。1981 年长沙市火车站银行 M10 出土。

　　龙纹在我国出现得非常早，在西水坡遗址中就有了其蚌壳摆塑形象。《左传·昭公二十九年》记载有畜龙、豢龙氏、御龙氏等名称，长沙楚墓也曾经出土过"人物御龙"、"人物龙凤"帛画，民间还有关于"叶公好龙"的故事、传说，这说明在先秦时期，龙并非神秘之物，而是"相伴"于日常生活中。它的形象在古代图案中变化多样，是根据不同时代，不同人群的各种想象变化而来的。铜镜中，龙纹主要流行于战国晚期至西汉前期。到新莽以后，往往变为四神之一，与其他瑞兽共同存在。

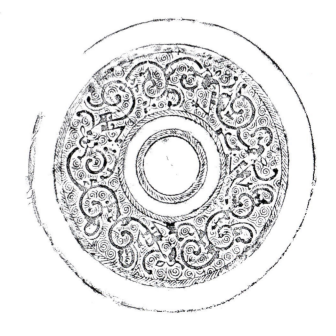

22. 云锦地二龙纹铜镜

战国

Bronze Mirror with Two Dragons and
Ground-Tint of Figured Satin, Warring
States Period

直径 10.4cm　重 68g

　　三弦钮，双重圆钮座，镜缘上卷，
镜面平坦。钮座边沿及镜缘内侧均有一
周粗弦纹间斜短线纹，地纹为云锦纹，
主纹为两条较为具象的浅浮雕龙纹，龙
首形象为顶视，张嘴瞪目，躯干盘曲，
上饰卷翅纹，爪部不明显，铸造不甚精
致，部分区域模糊。

　　该镜龙首造型与同时代图案化侧视
龙纹有所不同，是为顶视，犹如在水中
游嬉一般，此造型在战国镜中较为少
见，应为战国晚期产品。1987年长沙市
人民路曙光电子厂 M7 出土。

23. 云锦地四龙纹铜镜
战国晚至西汉初

Bronze Mirror with Four Dragons and Ground-Tint of Figured Satin, Warring States Period

直径 13.5cm　重 192g

　　桥形钮，上饰云锦纹，圆形钮座。主题纹饰为藤蔓状龙纹，共计四组，龙首贴近钮座，张嘴，瞪目，其一爪前伸，一爪后抵，躯干卷曲，呈流云状，线条流畅圆润。地纹为云锦纹。镜缘上卷，镜面平坦。

　　此镜主题纹饰及镜缘带有明显的战国晚期风格，但此云锦地桥形钮的特征表明其制造年代应该在战国晚期到西汉初期。

24．云锦地连弧四龙纹铜镜
战国

Bronze Mirror with Linked Arcs and Four Dragons and Ground-Tint of Figure Satin, Warring States Period

直径15cm　重153g

　　三弦钮，圆钮座，钮座外连接四枚"⊙"状花纹。主题纹饰为四组变形龙纹，龙首居中，爪一前一后抵住连弧纹及钮座，身体卷曲，上有点段。龙纹间以三角纹以及心形叶纹连接，其间饰云锦地纹。镜缘为十四内向连弧纹。此镜从其连弧缘来看已有西汉铜镜风格，但从龙纹造型以及镜体较薄、地纹纤细、缘不上卷等特点又具战国铜镜特点，其中钮座上之"⊙"纹，与上海博物馆所藏西汉早期四龙连弧纹镜上见到的"〇"纹应该有着一定的承接关系。故此镜铸造年代应为战国末。

25. 云锦地龙凤纹铜镜

战国

Bronze Mirror with a Phoenix and Three Dragons and Ground-Tint of Figured Satin, Warring States Period

直径 11.7cm　重 100g

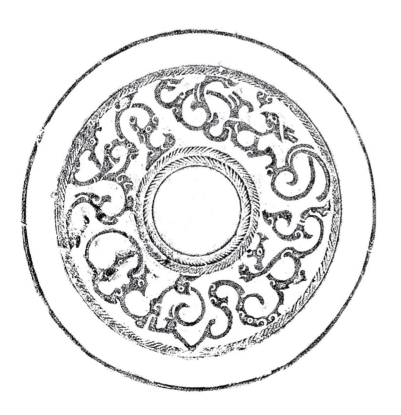

　　三弦钮，圆钮座，其外有两圈绹纹，镜缘上卷，镜面平坦。地纹为卷云纹。主纹繁杂，不对称，计有凤纹一组龙纹三组。凤鸟作仰视状，瞠目，喙上方饰一如意云纹，鸟羽飘逸。其一龙纹单成一组，龙首贴于镜缘内侧，长吻圆目，躯干盘曲交错，另外两条龙纹相互勾连盘曲，其一龙首紧贴钮座，作回顾状，另一龙瞠目吐舌，整个镜面图案杂乱，不规整，镜背尚有范痕一道。1981年长沙市火车站邮电局M7出土。

　　一凤三龙纹在楚式铜镜中鲜见。类似纹饰在湖北包山楚墓出土之纺织刺绣残件中可见一例，《楚文物图典》将其称为"龙凤相嬉"纹。

26. 云锦地三龙纹铜镜

战国

Bronze Mirror with Three Dragons and Ground-Tint of Figured Satin, Warring States Period

直径 19.5cm 重 463g

　　三弦钮，圆钮座。钮座周围有兽纹三组，兽纹为凤首龙身，作回顾状，长尾蜷曲，相互勾连。兽纹间夹有一尊蹲式人物纹饰，人物作舞蹈状，昂首屈足，左手上扬，右手下垂。主题纹饰为三龙纹，龙首张嘴瞪目，前爪一只外伸，一只抵住镜缘内弦，并与一组折叠式菱形纹相接，后爪及躯干部分已图案化为忍冬藤纹状，相互盘曲勾连，线条流畅飘逸。镜缘上卷，镜面平坦尚有光泽。1980年长沙市火车新站邮局工地M4出土，该墓为竖穴土坑墓，随葬仿铜陶礼器，组合为鼎、盒、壶，时代为战国晚期。

　　该镜保存完整，系《长沙楚墓》D型Ⅲa式标准器，更为难得的是，镜钮部位的人物纹饰在楚式镜中极其罕见，值得重视。

灵秀清奇的楚式（战国）铜镜

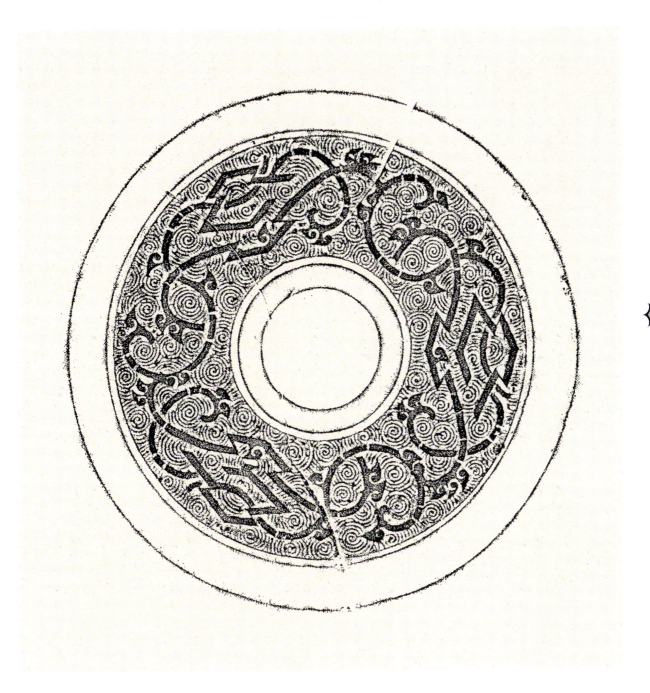

27．卷云地三龙纹铜镜

战国至西汉初

Bronze Mirror with Three Dragons and Ground-Tint of Clouds , Warring States Period

直径 14.3cm　重 207g

　　三弦钮，圆钮座，镜面平坦，镜缘上卷。主题纹饰为三条变形龙纹与三组菱形纹交错穿插连结，其线条平滑规整，部分区域有点断。龙首居于内侧，躯干卷曲连结菱形纹，每两组线条交叉处均有一组被刻意磨浅，很好的交代了图案的前后虚实关系，组成了繁密、布局均衡的纹样。空隙处以卷云纹为地，层次丰富，主次分明。

　　此镜龙纹造型趋于简化，中穿插菱形纹，为战国龙纹镜的变式，铸造年代当为战国末期至西汉初期。1984 年长沙市解放路向韶村 M1 出土。

28. 云雷地兽纹铜镜
战国

Bronze Mirror with Beasts and Ground-Tint of
Clouds and Thunder, Warring States Period

直径 14.2cm　重 144g

　　三弦钮，圆形钮座。主题纹饰为三兽纹。十分具
象，有实吻与长颈鹿角，体躯如蟒蛇蜿曲。兽首做回
顾状，四肢粗短，兽身有若干象征性鳞片。尾长于身，
细而狭，中部装饰燕形翼，末端则成花蒂状，内卷。
三兽均为浅浮雕。地纹为排列规整的勾连雷纹，雷纹
缝隙处填充以细点纹。镜缘上卷。1985年长沙市伍家
岭有色金属加工厂M3出土。该墓为长方形竖穴土坑
墓，随葬器物有仿铜陶礼器鼎、敦、壶两组及铜剑、
石环等。时代为战国中晚期。

　　此镜中的龙纹与战国楚镜中盛行的变形龙、兽纹
相区别，已经从爬行动物的形态中脱出来，变为兽与
蛇的结合形态。

　　勾连雷纹最早见于商代中期，盛行于商末周初。
春秋战国时代盛行很富丽的勾连雷纹,粗细线条用绿
松石等贵重装饰品填充。

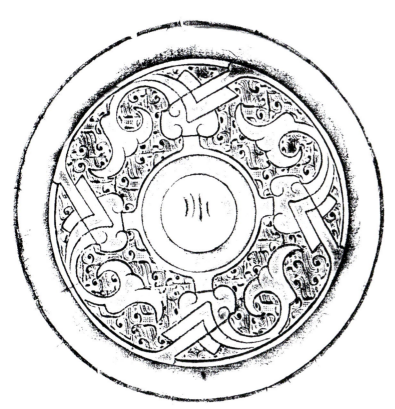

29. 羽翅地变形四兽纹铜镜

战国

Bronze Mirror with Four Stylized Beasts and Ground-Tint of Wings, Warring States Period

直径 14cm 重 175g

　　三弦钮，双重圆钮座，镜面平坦，镜缘上卷，地纹为羽翅纹，钮座外弧纹四周均凸出一小方块，与四个变形兽纹头部相连，兽纹几何化，躯干作"c"型卷曲，头部宽大，由两个向内卷曲的涡纹构成，中部细长，尾部似喇叭花。镜缘内侧有弦纹一道，与兽纹连为一体，但不连续。此镜1992年于长沙市胜利路M10出土，该墓头端有台阶，随葬器物有陶鼎、敦、豆一组。

30. 羽翅地四兽纹铜镜

战国

Bronze Mirror with Four Beasts and Ground-Tint of wings, Warring States Period

直径 12.2cm　重 292g

　　三弦钮，双重圆钮座，镜面平坦，镜缘上卷。主题纹饰为四条相互勾连的兽纹，兽首为顶视，瞪目，作回顾状，躯干呈"s"状卷曲，造型流畅飘逸。四兽摆布均衡，部分区域模糊。地纹为羽翅纹。1987年长沙市劳动广场贺龙体育馆M1出土，同墓出土陶礼器鼎、敦、壶一组，玻璃璧1件。

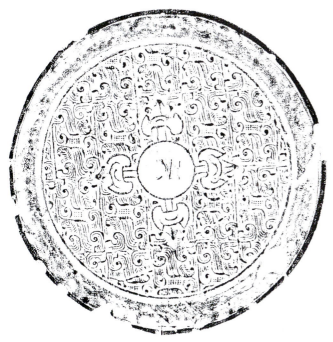

31．羽翅地四叶纹铜镜

战国

Bronze Mirror with Four Leaves and Ground-Tint of Wings, Warring States Period

直径 11.3cm　重 138g

　　三弦钮，圆钮座。钮座边缘伸出四组变形浅浮雕式叶纹，地纹为羽翅纹。镜面平坦，镜缘上卷。该镜纹饰精美，1983 年长沙市袁家岭·警 M3 出土，该墓为长方形竖穴土坑墓，带有长方形头龛，四壁有宽12cm，高 50cm 的台阶，随葬器物除此枚铜镜外还有仿铜陶礼器鼎、敦、壶一组。1954 年长沙市月亮山 M18 出土同类镜一面。

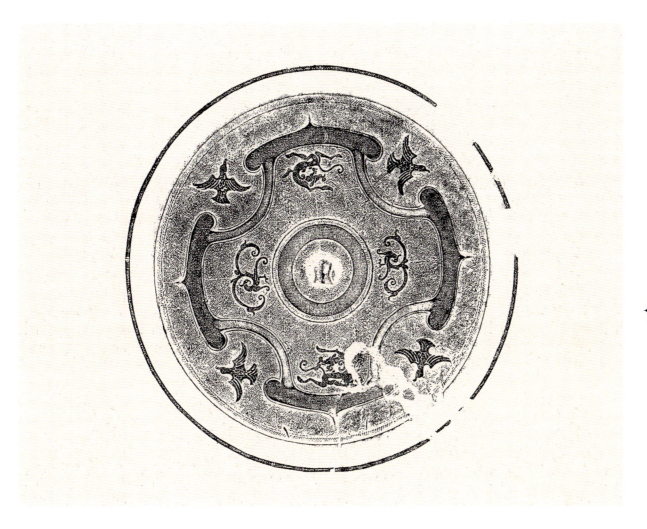

32. 四叶飞鸟龙凤纹铜镜

战国

Bronze Mirror with Four Leaves and Birds and Beasts, Warring States Period

直径 21.2cm 重 456g

　　三弦钮，圆形钮座。钮座外围另有微凸的凹面粗弦纹以及细线纹各一圈。镜背为凹面宽带组成的变形叶纹，四叶内与钮座形成一个"亞"字形的区域。四叶外部与镜缘也形成了四区。在内四区中相对分布了二龙二凤纹。其中龙纹伸嘴吐舌，头部呈回顾状，四肢粗壮，尾部蜷曲，凤纹则睁眼，长喙内钩，头顶有羽冠，羽翅微展。外四区饰以四鸟，双翅展开，头颈伸直。以折叠菱形格以及云纹与三角雷纹为地纹，填充满整个镜背。地纹极其规整细腻，线条清晰。宽边卷沿。

　　"亞"字形四叶纹镜中极为少见。此镜1988年出土于长沙市长岭水电八局M2，此墓为竖穴土坑墓，随葬物除此件铜镜外还有陶器、鼎2、盒2、壶3、罐3、勺1。从这些器物来看，该墓为一座典型的西汉墓葬。该镜三弦钮、圆钮座、宽凹素缘卷边的作风具有典型的战国楚式镜特征，只是地纹与常见的云锦纹不同，为有折叠菱形纹和卷云纹组合而成的复合态纹饰。因此，它可能是一件战国晚期到西汉初期铸造的铜镜。该镜在楚式镜中是一件难得的珍品，对研究铜镜嬗变史有一定的参考价值。

　　类似镜江苏扬州曾有出土，直径为19cm。

33. 云锦地四叶纹铜镜

战国

Bronze Mirror with Four Leaves and Ground-Tint of Figured Satin, Warring States period

直径 11.8cm　重 112g

　　三弦钮，圆钮座，镜缘上卷，镜面平坦，保存完好。地纹为云锦纹，主纹为四叶，分别从钮座四面伸出，叶纹呈宽扁桃叶形，上饰云纹。

　　四叶纹镜为典型战国镜，其叶纹多作桃叶、蟠桃、山字、椭圆形，地纹多作羽翅纹，此云锦地宽扁桃叶上饰云纹的形制较为鲜见。1988 年长沙市东风路烈士公园 M21 出土。

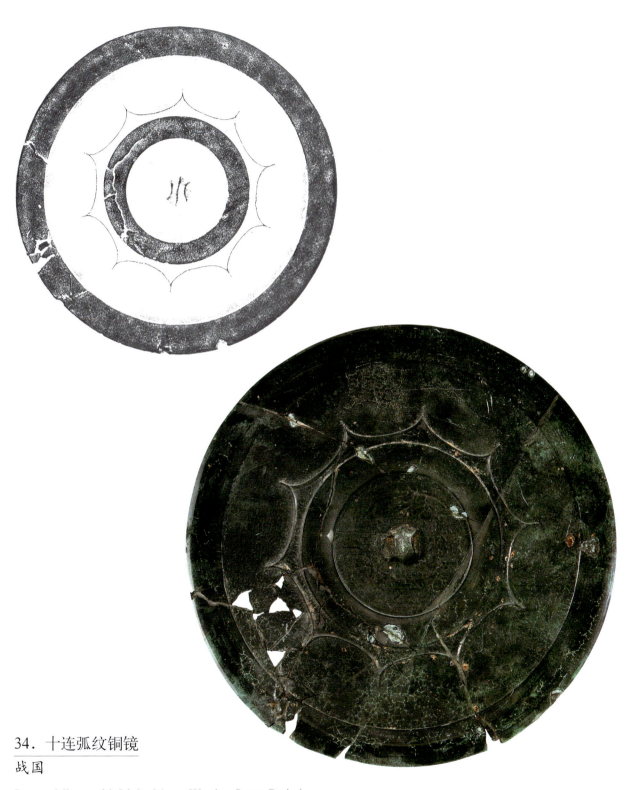

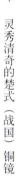

34. 十连弧纹铜镜

战国

Bronze Mirror with Linked Arcs, Warring States Period

直径 14.3cm　重 191g

　　三弦钮，圆钮座，主题纹饰为十连弧。由细单线条组成，内凹，无地纹。素宽缘，稍卷。1993 年长沙市铁路银行 M6 出土。

　　在战国连弧纹镜中，一般为六、七、八、十二连弧，连弧均为粗宽带状。此镜之连弧为单细线条，且为十弧。较为少见。湖南省博物馆藏有一件，形制类似，但为十一连弧，1993 年长沙市出土。《岩窟藏镜》中亦记载有一例，称其"秦初作淮域出土"。

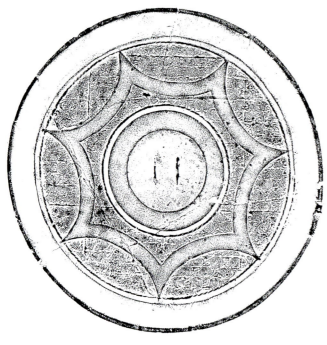

35. 云锦地连弧纹铜镜

战国

Bronze Mirror with Linked Arcs and Ground-Tint of Figured Satin, Warring States Period

直径 11cm　重 195g

　　钮残，圆钮座，外围有一圈绚纹，镜面平坦，镜缘上卷，地纹为卷云纹与三角云雷纹组成的云锦纹。主题纹饰为七连弧，弧面下凹，弧尖穿出镜缘内侧之一圈绚纹。

　　此镜镜缘外侧锈蚀处有纺织物印痕，入葬时当有镜衣包裹。1985年长沙市人民路地质中学M1出土。

　　1953年长沙市南门广场M9出土同类镜一枚，直径14.9厘米。

36．云雷地连弧纹铜镜

战国

Bronze Mirror with Linked Arcs and Ground-Tint of Clouds and Thunders, Warring States Period

直径21cm　重349g

　　三弦钮，圆形钮座。主题纹饰为凹面宽带组成的内向八连弧纹。地纹为三角雷纹和云纹组成的云雷纹，地纹不甚紧密，但线条疏朗与主题纹饰的宽带形成强烈对比，素沿直边，镜面平坦。此镜1992年长沙市红旗区标准件厂 M3 出土。

　　1955 年长沙市南门广场 M9 出土一面铜镜与此镜纹饰基本一致，但形制略有差别，为卷边。

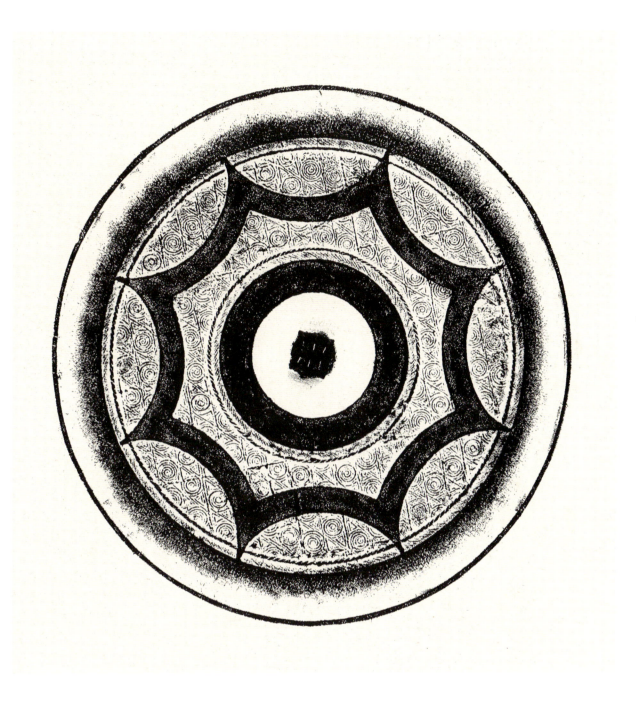

37. 云雷地连弧纹铜镜

战国

Bronze Mirror with Linked Arcs and Ground-Tint of Clouds and Thunders, Warring States Period

直径 14.5cm 重 217g

　　三弦钮，圆钮座，座外饰绚纹一周。主体纹饰为内向八连弧纹，连弧表面下凹，抛光。地纹为三角雷纹与卷云纹组成的云雷纹饰，其上有较为明显的接范痕。镜缘上卷，内侧有斜短线纹与绚纹各一周与连弧纹衔接。1980 年长沙市火车新站邮电局 M3 出土。

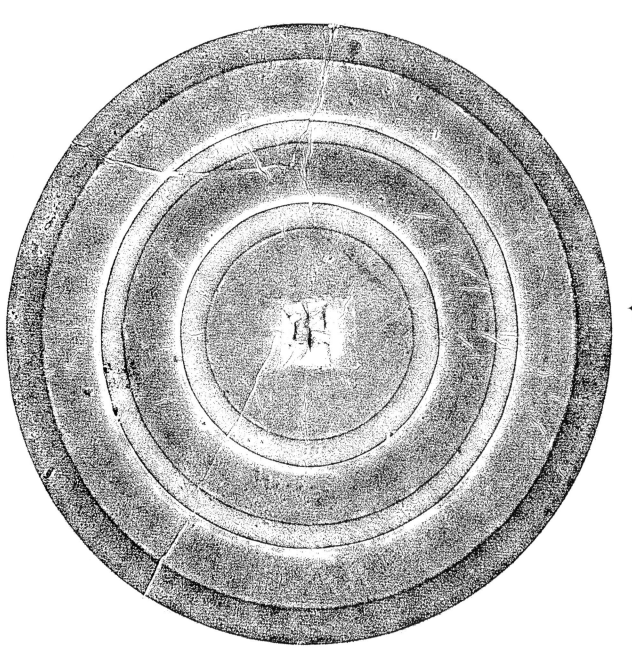

38．素面弦纹铜镜

秦

Bronze Mirror with Bow-Strings, Qin Dynasty

直径 17.8cm　重 158g

　　三弦钮。镜背饰两道宽弦纹。素宽缘。造型素雅大方，镜体较薄。中心钮区有一长方形范痕。镜面平坦，尚有光泽，作黑漆古状。　此镜为典型秦式镜风格。1980 年长沙市火车站邮电局 M7 出土，该墓为带墓道的长方形竖穴土坑墓，随葬有陶壶 5、陶罐 4、铜镜 1、石璧 1，另有泥质郢称和泥半两若干。秦统治长沙的时间十分短暂，但仍留下了少量秦墓。从墓葬出土陶器的组合特征及铜镜的风格判断该墓应为一座秦墓。

以形象天的西汉铜镜

汉代是中国铜镜全面发展的第一个繁荣时期。西汉初期在短暂地模仿战国楚式镜的基础上，西汉镜开始了大胆创新的尝试阶段。这一时期，属于汉镜的特色逐渐建立起来，半圆钮出现，地纹消失，镜身逐渐变得厚重……蟠螭纹镜、草叶纹镜、星云纹镜等竞相出现，而铭文镜的突然出现标志着西汉镜独立发展阶段的开始。西汉中期以铭文为主要装饰手段的昭明镜、铜华镜、日光镜等代表了一时之风气，直到西汉晚期博局纹镜闪耀登场，终使百花齐放的西汉铜镜纹饰呈现一统局面。

Visualization of Heaven
——Bronze Mirrors of Western Han Dynasty

Mirrors of Western Han Dynasty registered another brilliant period of bronze mirrors after Chu mirrors. After a transitional period of copying, Western Han mirrors had a trial stage when bold attempts were made to develop their own traits, such as semicircular back button, the exclusion of background pattern, the increased thickness of the mirror. There were many new styles, like panchi(a legendary animal) pattern, grass and leaves pattern, and cloud and stars pattern. Among them the quick emergence of inscriptions had set the milestone for the independent development of Western Han mirrors. Zhaoming mirrors, Tonghua mirrors, and Riguang mirrors, all using inscriptions as their main decoration, represented the trend in their time. In late period of Western Han Dynasty, after the rise of TLV mirrors, its pattern gradually edged out all other decoration styles in the market, and drew an end to the previous status when different kinds of decorations flourished.

39. 云锦地"大乐贵富"四叶龙纹铜镜

西汉

Bronze Mirror with Coiled Dragons and Inscription Beginning with Da Le Gui Fu, Western Han Dynasty

直径 15cm　重 312g

四弦钮，双龙圆钮座，钮座外围有"大乐贵富千秋万岁宜酒食"铭文一周。铭文首尾加饰一鱼纹分隔，每字间夹一

菱形卷叶纹，不甚清晰。地纹为卷云纹，极浅。主题纹饰为四个变形叶纹分隔开的四条变形龙纹。叶纹分为三层，作宝塔状，以卷曲的涡纹分隔，叶尖呈"山"形。龙纹图案化，龙首为侧视，瞪目张嘴作吞云状，躯干卷曲，肢体盘曲纠结。镜缘狭窄，卷边。

  此镜1980年长沙市杜家坡M3出土，该墓为竖穴土坑墓，出土物除铜镜外，还有滑石璧一枚，陶器组合有鼎、盒、方壶、瓿、盉、罐等，时代为西汉早期。该镜与1956年长沙市子弹库所出龙纹镜以及上海博物馆藏"大乐富贵"蟠龙纹铜镜类似。此类铜镜亦有"大乐未央长相思愿勿相忘"铭文，同属西汉早期。

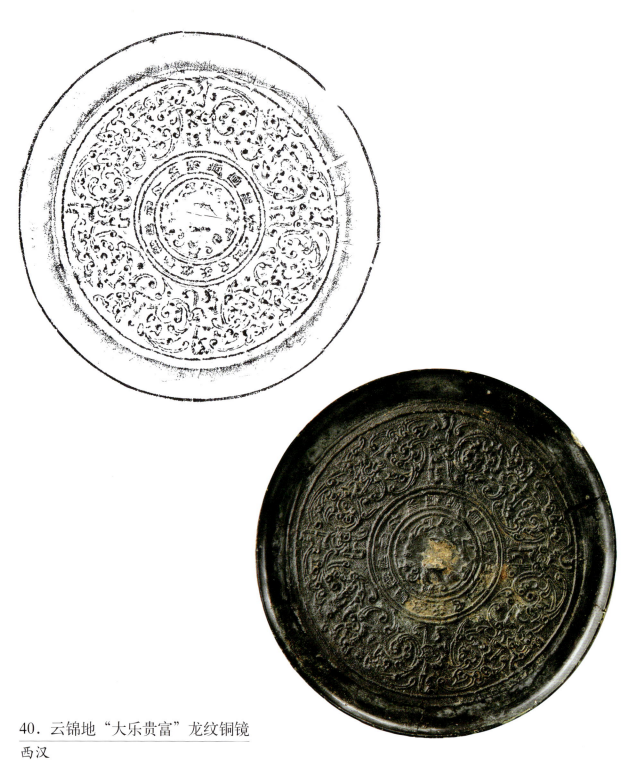

40. 云锦地"大乐贵富"龙纹铜镜

西汉

Bronze Mirror with Coiled Dragons and Inscription Beginning with Da Le Gui Fu , Western Han Dynasty

直径 11.3cm 重 122g

　　钮残，双龙纹钮座，座外有铭文一圈共十四字："大乐贵富得享寿千秋万岁宜酒食鱼"，并装饰一鱼纹为铭文结尾。主题纹饰大体分为四区，每区有一组龙纹。龙首、四肢与体躯都已无法一一分辨。地纹已接近消隐不见，略可分辨出若干细微的云纹。宽素缘卷边。

　　1983 年出土于长沙市曙光电子厂 M1，1956 年长沙市燕子嘴 M3 出土一面铜镜与此镜纹饰基本一致。

41. 云锦地 "大乐贵富" 四叶龙纹铜镜

西汉

Bronze Mirror with Four Leaves and Coiled Dragons and Inscription Beginning with Da Le Gui Fu , Western Han Dynasty

直径 16cm　重 354g

　　桥钮, 钮面饰有卷云纹, 圆钮座内饰有一圈兽纹, 钮座外有铭文带一周, 内容为: "大乐贵富得享寿, 千秋万岁宜酒食"。主题纹饰为钮座伸出的四组变形叶纹将其分割的四龙纹, 叶纹上各饰一鸟纹。龙纹躯干卷曲, 其形态图案化, 地纹为云锦纹。素缘上卷, 镜面平坦。

　　此镜铸于西汉景帝时期, 其特点在于钮面饰有纹饰, 这在同类镜中属精美品。

42. 云锦地四叶龙纹铜镜

西汉

Bronze Mirror with Coiled Dragons and Four Leaves and Ground-Tint of Figure Satin, Western Han Dynasty

直径 18.7cm　重 594g

　　兽形钮，伏螭纹钮座外饰三周绚纹。绚纹外伸出均匀对称的四株三叠式花瓣纹（亦有学者称为火焰纹）将镜背饰分为四区，每区内有一三线勾勒的变形龙纹。龙头居中，体躯向两边对称分布。线条盘旋缠绕，曲线流转，极尽繁复。卷沿上翻，沿较厚。1988年长沙市五一路邮电局M2出土，此墓为长方形竖穴土坑墓，随葬器物除此镜外还有陶罐8，陶钫、陶鼎各2，铜刀1，鎏金发簪1，以及泥半两若干，时代为西汉前期。

　　西汉早期龙纹镜与战国时期相比，呈现出由薄变厚的特点，龙纹由平滑实线变为了双线勾勒。

　　此镜中的双体龙纹旧称双尾龙纹。它的基本模式和兽面纹的体躯向两侧展开的规律相同，为使龙的体躯充分展开而呈带状，所谓双体龙纹，实际上是龙的正视展开图。

43. 云锦地"大乐贵富"博局蟠螭纹铜镜

西汉

Bronze TLV Mirror with Coiled Dragons and Inscription Beginning with Da Le Gui Fu, Western Han Dynasty

直径 16cm 重 275g

　　三弦钮，伏螭纹方钮座。钮座外接双线方格，方格之内饰有铭文，三边四字，一边三字以鱼纹为断句，合为："大乐贵富得所好，千秋万岁，延年益寿。"主题纹饰以"TLV"纹分割为四方八区，"TLV"纹均为细密的四线勾勒。每区内饰有勾连缠绕的蟠螭纹，均为三线勾勒。

　　在铜镜上有"TLV"纹饰的，后代都称为规矩镜，因为纹饰像工具中的"规"和矩，这种规距纹在铜镜上的安排很有规律，一般在钮座外有一方框，方框的每一边中间是"T"，其外面是"L"，方框的四角对着"V"，近年来中外学者对这

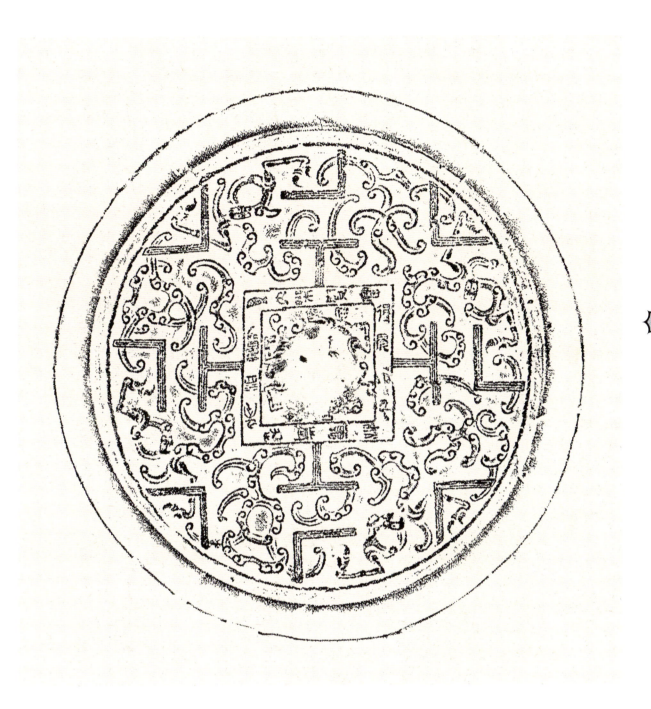

一纹饰有了新的理解。湖北江陵凤凰山M8西汉墓，云梦睡虎地M11，M13出土了汉代的"云锦盘"，湖南长沙马王堆汉墓出土了漆木制六博盘及配套博具一组。六博是一种博戏，各有六子，以'TLV'线条为界。后来又在河北平山县战国中山国王室墓中出土了玉制龙纹盘，其上也有这类纹饰，是最早的"六博盘"。这种纹饰在战国时已出现，铜镜上的规矩纹，应是移植，故应称为"博局纹"式"六博纹"但也有学者认为，规矩纹是由规矩纹是由草叶纹式山字纹演变过来的，也有学者认为来源于占星盘，日冕，及天文学相关，象征四方。铜镜上的博局纹始于西汉早期，盛行于西汉末期到东汉中晚期。

此镜1984年出土于长沙市赤岗冲M7，墓葬为"刀"型竖穴土坑墓，墓坑长880cm、宽250cm、深265cm，墓道在东端，呈台阶状。随葬器物除该面铜镜外还有：陶鼎、陶盒、陶锺、陶圆壶、陶方壶、陶敦、陶罐及泥五铢若干、石璧1、滑石鼎1、铁盂1。时代为西汉前期。此墓形制较大，为长沙汉墓的典型墓葬。该镜出土时周围还有装镜的漆盒印痕，因此其入葬时当有镜盒及镜衣包裹。河北满城窦绾墓出土一面铜镜与此镜形制基本一致。

44．云锦地双龙连弧纹铜镜

西汉

Bronze Mirror with Two Dragons and
Linked Arcs, Western Han Dynasty

直径 12.3cm　重 157g

　　三弦钮，圆钮座，镜面平坦，有裂纹，
宽素缘卷边，其内侧饰十六连弧纹。钮座
外有两条龙纹相互勾连，龙首为顶视，瞪
目张嘴，咬住另一条龙之尾部，四爪分别
顶住钮座外侧与连弧纹区域，躯干细长呈
波浪状，地纹为卷云纹。

　　该镜弧纹铸造清晰，但龙纹较为模
糊，为西汉早期风格，1988年长沙市五一
广场M1出土。

45. "见日之光"连弧纹铜镜

西汉

Bronze Mirror with Linked Arcs and Inscription Beginning with Jian Ri Zhi Guang, Western Han Dynasty

直径 7.2 cm　重 33g

　　半球形钮，圆形钮座。钮座外饰一周内向八连弧纹，其间以放射状线纹相连。外围饰
一周铭文，内容为："见日之光，天下大明。"每两个字之间夹有一个卷云纹图案，镜缘宽平，胎极薄。1994年长沙
市二里牌投资公司M6出土。

　　此镜当是西汉晚期的遗物。镜胎薄而易碎，其装饰铭文可以看出受汉代晚期兴起的方隶的影响，布局也变得较为稀松。

46. "见日之光"连弧纹铜镜

西汉

Bronze Mirror with Linked Arcs and Inscription Beginning with Jian Ri Zhi Guang, Western Han Dynasty

直径 7.8cm 重 103g

半球形钮，圆形钮座。座外饰八连弧纹，钮座与连弧以"川"形纹连接。外有铭文带，其内容为："见日之光，长勿相忘。"文字之间有较多的圈点纹装饰。铭文带内外均有一周斜短线纹。高缘宽边，镜面平坦。1985年长沙市人民路地质中学 M3 出土。

此类铭文镜通常被称为"日光"镜，在已出土的西汉镜中占到三分之一的数量，可见西汉时期使用之广泛。它出现于汉武帝初年，流行于西汉中、晚期以及王莽时期，个别可晚到东汉早期。铭文常为"见日之光，长勿相忘"、"见日之光，天下大明"、"见日之光，象夫日月"。日光镜部分无穿，形体较小，时代越晚则镜越薄，铸工也越见粗糙。

47. "日有熹"连弧纹铜镜

西汉

Bronze Mirror with Linked Arcs and Inscription Beginning with Ri You Xi, Western Han Dynasty

直径 14.8cm　重 496g

　　半球形钮，并蒂连珠钮座。座外一圈凸起粗弦纹，弦纹与八连弧之间有变形山字纹、短弧线纹以及卷云纹环列。外接内向八连弧纹。外圈铭文为："日有熹，月有富，乐毋事，宜酒食。居而必安，毋忧患，竽瑟侍，心志欢，乐已茂极，固常然。"字体方正，属于方隶篆。宽平缘。1982年长沙市杨家山铁路保卫处M8出土。

　　日有熹镜在山西、河南等地有发现，全国发现较少。1991年满城汉墓第138号墓出土一面与此镜极为相似的铜镜，收录在《长安汉镜》，满城汉墓亦出土一枚日有熹草叶纹镜，铭文为"长富贵，口毋事，日有熹，常得所喜，宜酒食。"

63

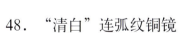

48. "清白"连弧纹铜镜

西汉

Bronze Mirror with Linked Arcs and Inscription Beginning with Qing Bai, Western Han Dynasty

直径 14.6cm　重 377g

　　半球形钮，连珠钮座。短弧线条以及由变形山字纹与卷云纹组成的纹饰相间环列于钮座与八连弧纹之间。外圈铭文为："洁清白而事君，志污之弇明，作玄锡而流泽，恐疏日忘美人，外可弇。"素缘宽厚。

　　清白镜的铭文按照梁上椿先生综合各镜所得全铭为："洁清白而事君，怨阴弇明，焕玄锡之流泽，志疏远而日忘，慎麋美之穷皑，外承弇之可说，慕窈窕于灵泉，愿永思而毋绝。"

　　类似的清白镜，河北定县八角廊西汉怀王刘修第四十号墓、西临高速公路汉墓都有出土。

49. "铜华"连弧纹铜镜

西汉

Bronze Mirror with Linked Arcs and Inscription Beginning with Tong Hua, Western Han Dynasty

直径 13.3cm 重 325g

半球形钮,十二连珠纹钮座,座外饰斜短线纹、粗弦纹及内向八连弧纹。铭文带位于镜缘内侧,内外均有一圈斜短细纹。铭文为:"煉治铜华清而明,以之为铜而宜文章,以延年益寿去不羊〔祥〕,而日月之光兮。"素高缘,镜面平坦,略凸,保存完好。铭文字体方正,铸造精细。该镜铭文中出现较多"而"字,时代应属西汉晚期。

该镜常称为铭文带镜,以昭明、日光、铜华铭居多,镜钮常作半球形。时代较早的镜缘素而高,偏宽薄者时代较晚。

50．"长宜子孙" 连弧纹铜镜
西汉

Bronze Mirror with Linked Arcs and Inscription Beginning with Chang Yi Zi Sun, Western Han Dynasty

直径 16.2cm 重 676g

半球形钮，柿蒂纹钮座。柿蒂纹之间饰有"长宜子孙"四字。其外饰有一周凸环带，外接内向八连弧纹，短弧线条以及由变形山字纹与卷云纹组成的纹饰相间环列。外圈铭文为："炼冶铜华清而明，以之为镜宜文章，延年益寿去不羊（祥），其（？）无毋极而日光，长乐未央"。1989年长沙市袁家岭第六中学 M2 出土。

此镜又名"铜华镜"。陕西、四川、湖南、江苏、广西等地均有发现。时代多为西汉晚期。从目前发现的资料来看，铜华镜一般分为三类，第一类为连弧纹铭镜，第二类为云雷纹铭文镜，第三类为圈带铭文镜，字体多方正。

51. "日光"、"昭明"重圈铭文铜镜

西汉

Bronze Mirror with Concentric Circles and Inscription Beginning with Jian Ri Zhi Guang and Zhao Ming, Western Han Dynasty

直径 10.1cm 重 161g

　　半球形钮，圆形钮座。座外有宽凸双环，外环内外圈各饰一铭文带，内圈铭文为："见日之光，长不想忘。"每字间夹有菱形"田"字或云纹符号。外圈铭文为："内清之以昭明，光而象夫日月，心忽扬忠，然壅塞不泄。"素宽镜缘，镜面平坦。

　　此镜同时铸有"日光"铭文与"昭明"铭文。字体为篆体，但隶化明显。昭明铭文之中不添加西汉晚期到新莽时期流行的"而"字，因此此镜年代应为西汉中期。

52. "日光"、"昭明"重圈铭文铜镜

西汉

Bronze Mirror with Concentric Circles and Inscription Beginning with Jian Ri Zhi Guang and Zhao Ming, Western Han Dynasty

直径9.6cm 重155g

博山钮,镜背被平滑双环隔离成三区。钮外以双线与内环连接,外环内外各饰有一圈铭文,内圈铭文为:"见日之光,长勿相忘。"每字之间以菱形田字格和云纹分隔;外圈铭文为:"内清质以昭明光而象夫日月心忽扬而愿忠而不一。"素缘宽厚。

53. "清白"连弧纹铜镜

西汉

Bronze Mirror with Linked Arcs and
Inscription Beginning with Qing Bai,
Western Han Dynasty

直径 14.4cm　重 289g

　　半球形钮，圆钮座饰十二连珠
纹，外围饰以八连弧纹，缘内铭文为：
"洁而清而白而事君志污之合（弇）而
□光玄扬流而泽恐而日忘□。"素宽
缘。1983 年长沙市燕山街芙蓉宾馆
M23 出土。

　　清白镜出现于西汉中期偏晚，多
见于西汉晚期，与"日有熹"、"铜华"
等镜一样，因其制作精良被人们所喜
爱。"清白"铭文亦常用于重圈铭文
镜上。

54. "昭明"连弧纹铜镜

西汉

Bronze Mirror with Linked Arcs and Inscription Beginning with Zhao Ming, Western Han Dynasty

直径 11.4cm　重 328g

　　半球形钮，圆形钮座。钮座外饰内向十二连弧纹。外圈铭文为："内清以昭明，光象夫日月不泄。"每一字以"而"间隔。铭文内外圈各有细斜线纹一周，素缘凸起，宽厚，镜面平坦。

55. "昭明"连弧纹铜镜

西汉

Bronze Mirror with Linked Arcs and Inscription Beginning with Zhao Ming, Western Han Dynasty

直径 10.4cm 重 296g

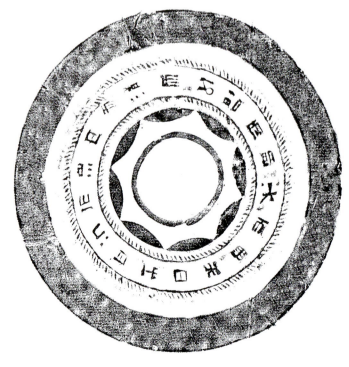

半球形钮，圆形钮座。钮座外为凸起的一圈弦纹，其外为内向八连弧纹。外区铭文为："内清以昭明，光象夫日之月兮。"镜缘宽厚。

昭明镜完整的铭文是："内清质以昭明，光辉象夫兮日月，心忽扬而愿忠，然壅塞而不泄。"铭文的"内清"指铜镜是用青铜铸造，其内部干净无杂质；"光象夫日月"是表达此镜的镜面非常光亮，就好像日月一般。昭明镜的铭文体现了汉代人对于被称为"金精"所铸的铜镜的一种称颂。

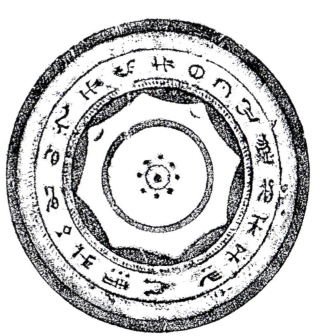

56. "昭明"连弧纹铜镜

西汉

Bronze Mirror with Linked Arcs and Inscription Beginning with Zhao Ming, Western Han Dynasty

直径 8.4cm　重 92g

　　博山钮，圆形钮座。外围饰有一圈粗弦纹及内向八连弧纹。外圈铭文为："内清之以昭明，光而像夫日月，心忽扬而不泄。"镜缘狭，胎薄。

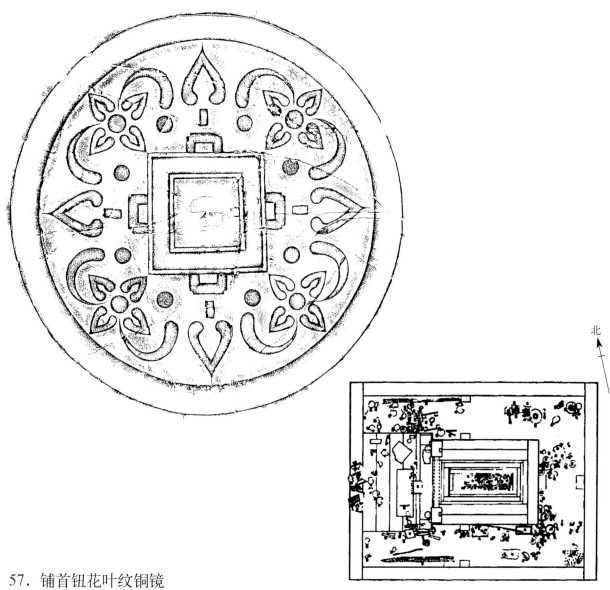

陡壁山 M1 墓室结构图

北

57. 铺首钮花叶纹铜镜
西汉

Bronze Mirror with Quatrefoils Pattern and Animal Head Appliqué Knob, Western Han Dynasty

直径 18.28cm　重 436g

　　铺首衔环钮，方形钮座，镜面平坦，镜边上卷，无地纹。钮座四边正中各伸出一矩形，矩形外饰一叶纹。四个花叶纹之间分别饰有柿蒂状纹，柿蒂纹中心及下部有凹面圆点。

　　此镜 1975 年出土于长沙市咸家湖陡壁山 M1，该墓采用"黄肠题凑"墓制，形制为岩坑竖穴墓，葬具为两椁三棺，墓坑长 12.8 米，宽 10 米，墓道残长 4 米，墓中出土"长沙后府"封泥证明墓主系西汉长沙国某代诸侯王王后"曹嬱"，此墓早年被盗，但仍出土随葬器物三百余件，其中金缕玉印为迄今为止发现的规格最高的西汉王室成员玺印，墓葬年代为西汉武昭宣时期。铜镜出土于该墓南边西便房，其纹饰布局为同时期所鲜见，铺首衔环用于镜钮仅此一例。其宽凹缘卷边，镜面平坦，以花草纹为主题纹饰，仍具有楚式镜的遗风，但方钮座外的矩形装饰及周边的凹面圆点纹，似与后来的乳钉纹有一定联系，它对研究战国秦汉时期铜镜纹饰演变有着重要的参考价值。

58. 花叶连弧纹铜镜
西汉

Bronze Mirror with Quatrefoils and Linked Arcs, Western Han Dynasty

直径 23.1cm　重 666g

　　三弦钮，圆形钮座，钮座外围饰内向九连弧纹。主饰区一圈凹面窄弦纹，其上均匀分布有四枚乳钉纹，乳钉围以桃形四花瓣，构成一朵正面展开的花纹。四乳钉之间有重叠式的双叶花卉纹等。缘内侧饰内向的二十连弧纹。宽镜缘上卷。

　　1985年长沙市定王台M2出土。河北满城西汉中山靖王刘胜妻窦绾墓中出土的"四花瓣压圈带"的构图与此镜基本一致，时代西汉中期偏早。

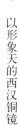

59．博局草叶连弧纹铜镜

西汉

Bronze TLV Mirror with Grass, Western Han Dynasty

直径 13.5cm　重 189g

79

　　博山钮，方钮座，主题纹饰为博局纹，"TLV"形中间饰以"c"形纹和变形草叶纹，镜缘为十六连弧，1994年长沙市砂子塘长沙酒厂M1出土。此墓随葬器物除此件铜镜外，尚有鼎1、盒1、陶钫、壶各2，镶壶1、灯1，陶罐9，铜印、箭簇、弩机各1，铁缳首刀、剑、剑饰各1，石璧1，及陶钱及陶金币若干。为西汉中期长沙汉墓的典型墓葬。

　　连弧纹变形草叶纹镜为西汉时期独有，此类镜中凡方钮、未饰弦纹者，均可在镜缘内侧找到一圈范痕。此范痕极浅，不易发现，但亦有比较明显的。如本馆所藏"见日之光"连弧缘草叶纹铜镜、陕西西安出土之日光博局对称连叠草叶镜。此前大部分描述中将此范痕视为"细弦纹"。此种接范方法为研究我国制镜技术提供了珍贵的参考资料。

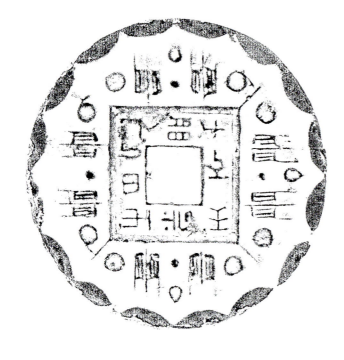

60. "见日之光"草叶连弧纹铜镜

西汉

Bronze Mirror with Grass and Inscription Beginning with Jian Ri Zhi Guang, Western Han Dynasty

直径 10.9cm　重 101g

　　三弦钮，方钮座。外围有一方框，框内铭文为"见日之光，天下大明。"方框四隅各饰有一花枝，两旁为圆形花苞，方格外每边的中心处有一乳钉和一桃形纹饰。花苞与乳钉之间均饰有两组花蒂纹。镜缘为十六内向连弧纹，镜面平坦。

　　此类铜镜纹饰基本一致，铭文略有不同，《小校经阁金文拓本》收录了8面此类镜子，对称二叠式的草叶纹镜是汉初最流行的式样。铭文多为"日有熹"、"见日之光"、"天下大明"以及"勿相忘"等。分布地点也较为广泛，从四川成都到山东临沂的金雀山西汉中晚期墓都有出土，1952年长沙市杜家山第797号墓出土一面与此镜基本类似的铜镜。

61. "见日之光"草叶连弧纹铜镜

西汉

Bronze Mirror with Grass and Inscription Beginning with Jian Ri Zhi Guang, Western Han Dynasty

直径 11.5cm　重 296g

　　半球形钮，方形钮座饰柿蒂纹，外围饰凹面宽弦纹与钮座形成铭文框，铭文为："见日之光，天下大明"。钮座四边中心处及四隅均饰有叶纹，方框四隅各饰一变形叶纹，将镜背分为四个部分，每部分中心饰一乳钉，其上再饰一桃形叶纹，两边也各饰一"卷叶纹，镜缘内侧贯穿一圈范痕，镜缘为内向十六连弧纹。1981 年长沙市火车站邮电局 M16 出土。

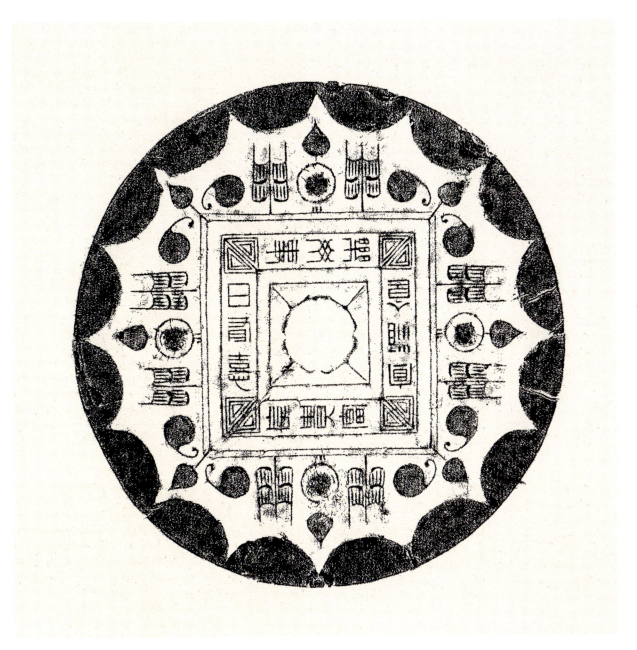

62. "日有熹"草叶连弧纹铜镜

西汉

Bronze Mirror with Grass and Inscription Beginning with Ri You Xi, Western Han Dynasty

直径 16.2cm　重 471g

　　半球形钮，柿蒂纹钮座，外围双线方框，方框每边各有三字计十二字铭文，内容为"日有熹，长贵富，宜酒食，乐毋事。"方框内四角各饰一组对称雷纹。方框外四隅各伸出一花叶纹，表面下凹，有刀锉痕。方框外每边的中心处饰一乳钉纹。乳钉上部以一小短线连接一桃形叶纹。乳钉两侧各饰二叠式对称草叶纹。镜缘为十六内向连弧纹，镜面平坦，尚有光泽。1984 年长沙市五一东路晓园公园 M1 出土。

　　这一类纹饰的铜镜，铭文都较简洁，字体大方，大多为"见日之光"，"长毋相忘"和"日有熹"等句，字数有八、十二和十六字三种。1953 年陕西西安东郊红庆村 M64 汉墓、广东省广州市 M1143 西汉早期墓、四川成都羊子山汉墓和安徽寿县军地以及上海博物馆都出土或收藏此类纹饰的铜镜，只是铭文有所不同，时代为西汉早、中期。山东济南地区曾出土比较完整的铸造此类铜镜的陶范。

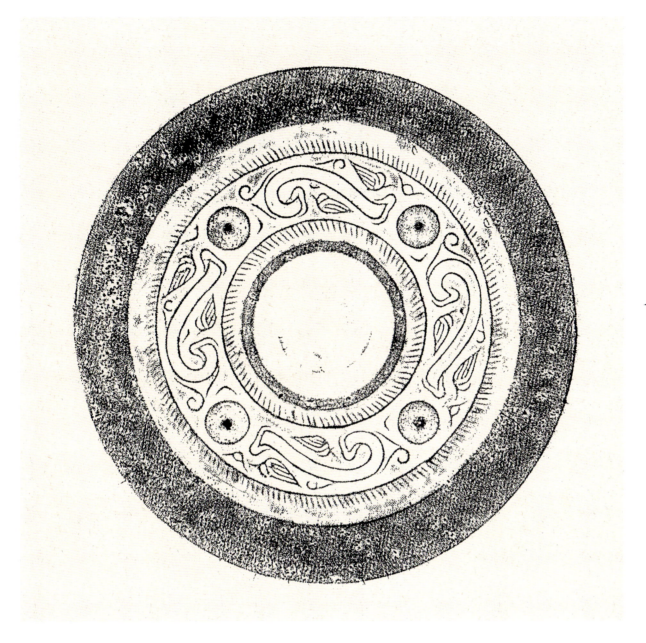

63. 四乳四虺纹铜镜

西汉

Bronze Mirror with Four Nails and Four Serpents, Western Han Dynasty

直径 15.2cm　重 441g

　　半球形钮，圆形钮座。外围有一圈凸起高于钮座的弦纹，钮座与弦纹之间饰有放射状的细线纹。四颗乳钉将镜背主题纹饰分为四个区，每区配置一虺纹，虺身两侧各饰有一只雀鸟。画面线条一致，简单流畅。素缘宽平。

　　蟠虺纹又称虺纹及蛇纹，以蟠曲的小蛇（虺）的形象构成几何图形。有的作二方连续排列，有的构成四方连续纹样。一般都作主纹应用。商末周初的蛇纹，有三角形或三角形的头部，一对突出的圆眼，体有鳞节，呈卷曲长条形，蛇的特征很明显，往往作为附饰缩得很小，有人认为是蚕纹。个别有作为主纹的，大多是单个排列，多见于青铜器上。春秋战国时代的蛇纹大多很细小，作蟠旋交连状。汉代蟠虺纹更加具象化，且开始出现变形趋势。

　　此镜中的带翅虺纹，似为双钩云线纹发展而来。1956年湖南长沙黄泥坑第5号西汉墓曾经出土一枚四乳四灵纹铜镜，其纹饰为四神禽兽纹，每组神兽有双钩云纹贯穿其间，与此镜的虺纹极其相似，但时代当晚于此镜。

64. 四乳四虺纹铜镜

西汉

Bronze Mirror with Four Nails and Four
Serpents, Western Han Dynasty

直径 9.1cm　重 167g

　　半球形钮，圆形钮座。主题纹饰由四枚乳钉
将纹饰分为四区，每区饰有一虺，虺体左右各饰
有一只飞鸟及云纹。素宽缘，镜面平坦。

　　四乳四虺镜出土数量多，分布地域广，《洛阳
烧沟汉墓发掘报告》以及《洛阳烧沟汉墓》收录
了19面，《洛阳出土铜镜》收录了2面，《吉林出
土铜镜》收录了1面，《广州汉墓》收录了4面，青
海《上孙家寨汉晋墓》收录了10面，出土地域基
本上囊括了汉代疆域的全境。

65. 四乳禽兽纹铜镜

西汉

Bronze Mirror with Four Nails and Beasts, Western Han Dynasty

直径 12.1cm　重 231g

　　半球形钮，圆形钮座饰12连珠纹，外饰有凸弧纹一道。其内外夹短斜竖细线纹。主题纹饰由四枚乳钉分为四区，每区内分别饰有龙、虎、朱雀、白鹿纹，并间以变形螭纹，素宽缘，镜面平坦。

　　西汉铜镜中鹿纹的出现，应当和"鹿之祥瑞"的故事以及西汉上林苑中饲养或者狩猎鹿的活动相关。鹿纹是汉代漆器纹饰中较多的一种。先秦至汉代视白鹿为仙兽。《楚辞·哀时命》就有"浮灵雾而入冥兮，骑白鹿而容与"的记载。《汉乐府·长歌行》说白鹿乃是仙人的坐骑："仙人骑白鹿，发短耳何长？"。《瑞应图》曰："天鹿者，纯善之兽也，道备则白鹿见，王者名惠及下则见。"

66．四乳禽兽纹铜镜

西汉

Bronze Mirror with Four Nails and Beasts,Western Han Dynasty

直径 12.2 cm　重 363g

　　半球形钮，柿蒂钮座。外围饰一周凸弦纹，与钮座之间以四条线纹相连。主纹区被四枚乳钉分为四区，每区均饰有瑞兽图案。其中一区为凤凰纹。一区为白虎配饰羊纹。一区为青龙配饰羽人，羽人回身作戏弄状。一区为羊配饰羽人，羽人侧身作牧羊状。这类纹饰多是作为一种祥瑞置于器物上，如"羊"表现的可能是取间"祥"之意，而羽人可能是表达"羽化成仙"的神仙思想，这种情况在汉代铜镜上是比较普遍的。该镜线条流畅，形象生动。素缘宽厚，镜面平坦，属西汉晚期制品。

67. 四乳云龙连弧纹铜镜

西汉

Bronze Mirror with Linked Arcs and Four Nails and
Dragons, Western Han Dynasty

直径 14.6cm　重 205g

　　三弦钮，圆钮座，镜面平坦，镜缘稍卷。镜缘内侧有一圈十六连弧纹，钮座外侧饰八连弧。两道连弧中间的凹弦纹上饰四乳钉，弦纹两侧有两两相对的变形龙纹组合成一椭圆形。椭圆中饰卷云纹。1981年长沙市杜家坡省微波总站M5出土。

　　此类龙纹镜常见于西汉时期，但如此变形程度所见不多，如湖南衡阳凤凰山西汉墓出土的一面"圈带叠压蟠虺镜"便可看出较为明显的盘龙形态。

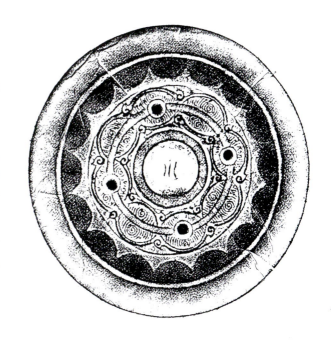

以形象天的西汉铜镜

89

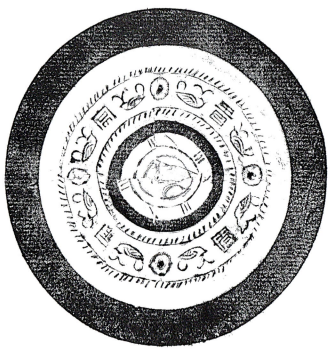

68．四乳 "家常贵富" 铭文铜镜

西汉

Bronze Mirror with Four Nails and Inscription Jia Chang Gui Fu, Western Han Dynasty

直径8.8cm 重167g

半球形钮，圆钮座，钮座外有凸弦纹一道，并以短竖纹与钮座相连。缘内侧有 "家常贵富" 铭文带一周，铭文间夹四乳钉，乳钉左右各饰一禽鸟，禽鸟双岐冠，覆翼，尾卷曲，形态较为简单。素宽缘，镜面平坦。

69．星云连弧纹铜镜

西汉

Bronze Mirror with Nebula and Linked
Arcs, Western Han Dynasty

直径 10.2cm　重 138g

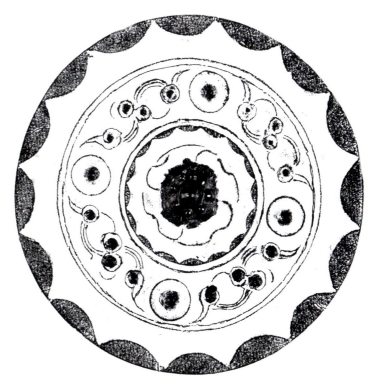

连峰钮，星云纹钮座。钮座外有内向十六连弧纹。主题纹饰为星云纹，由四枚乳钉分为四组，每组有小乳钉四枚以云气状线条连接，线条流畅飘逸。镜缘为与钮座连弧纹对应的十六内向连弧纹。

此镜1983年长沙窑岭M7出土，该墓时代为西汉中、晚期。墓坑坑底有枕木沟3道，但已残损，仅存陶罐3，硬陶罐1，铜镜1，铁剑及铁小刀各1。

同类器物长沙地区另有1953年子弹库出土一枚，形制基本一致。

92

70. 星云连弧纹铜镜

西汉

Bronze Mirror with Nebula and Linked Arcs, Western Han Dynasty

直径 13.6cm　重 303g

　　博山钮，放射状线纹钮座。钮座外饰内向十六连弧纹。镜缘亦为内向十六连弧。主纹区以四枚乳钉分为四区。每区有八枚小乳钉错落，并由三线勾勒的弧线相连，其形状恰似天文星象中的带状星云，故称星云纹镜。1980年长沙市杜家坡微波总站M2出土。该墓为长方形竖穴土坑墓，出土陶鼎、陶盒、陶罐、甑、鍑、釜，泥金锭及铜镜，缳首铁刀，铜格铁

剑等，时代为西汉中期。

星云纹镜，也称百乳镜。是西汉镜中的一大类，主要出土地点为长安及其周边的中原地区。洛阳烧沟汉墓出土了六面星云纹镜，广州汉墓，洛阳汉墓，长沙汉墓等地星云纹镜的比例都无法与之相比。另外，星云纹出土时的保存状况也好于其他类型的铜镜。据报导，洛阳浇沟汉墓在出土铜镜时还出土了武帝和昭帝时期的五铢钱，1980年江苏邗江胡场M5出土星云铜镜的墓葬里还出土了载有"卅七年十月丙子"即汉宣帝本始三年的纪年木牍，由此推断，此类铜镜流行的时代可能为西汉中晚期。

对于星云纹的来源，《中国古代铜镜》一书指出："其形状似天文星象，故有星云之名。也有的学者认为：所谓星云纹完全由蟠螭纹渐次演变而成，小乳钉系蟠螭骨节变换，云纹则为蟠螭体之化身。"

承前启后的新东汉三国六朝铜镜

两汉铜镜在造型和纹饰上有着显著的差异。镜身厚重、纹饰规整、纹饰居内、铭文外围、镜缘宽而凸等，这都是新莽以后铜镜的典型特色。在博局纹镜几乎一统铜镜纹饰之后，神人神兽纹镜和画像镜开始从长江流域兴起，而莲花镜、龙虎纹镜、历史人物故事纹镜的流行与出土地更是集中于江南吴地一带。东汉以降的高浮雕、多布局、重列画像表现手法的传统一直流行了数百年，直到东晋南朝之时，依然带有浓郁的汉风。

Link between the Past and Future
—— Bronze Mirrors of Xin, Eastern Han Dynasties, Three Kingdoms Period and Six Dynasties

There are marked differences in pattern decoration and molding between mirrors made in Western Han Dynasty and those in Eastern Han Dynasty. The increased thickness of the mirror, the neatly laid-out decoration, the inscription on the outer circle of the mirror, the wide and bulged mirror rim, are all typical traits of bronze mirrors made after the foundation of Wang Mang's ruling. After TLV mirrors became all the rage, mirrors with legendary animal pattern or drawing pattern began to show up in the markets in the Yangze River area, such as those with lotus pattern or with dragon and tiger pattern unearthed mostly in historical area of Wu beside Yangze River. The traditional expression techniques employed on mirrors since Eastern Han Dynasty, such as high relief, multi-layer, the stress of drawing, maintained popularity for hundreds of years that even lasted well into Eastern Jin and Southern Dynasty.

71. "长宜子孙"连弧云雷纹铜镜
东汉

Bronze Mirror with Linked Arcs and Inscription Chang Yi Zi Sun, Eastern Han Dynasty

直径 13.4cm 重 267g

半球形钮,柿蒂纹钮座。柿蒂纹四叶之间有"长宜子孙"四字铭文。主题纹饰为内向八连弧纹,间以"山"形纹以及草叶纹。连弧纹外围饰有卷云纹间斜线三角雷纹,两侧有短斜细线纹一周。素宽缘,镜面微凸。

此镜 1979 年于长沙水利电力厅出土,1955 年长沙市蓉园路 5 区 M22 出土一面铜镜与此镜完全一致。

72. "长宜子孙"连弧云雷纹铜镜

东汉

Bronze Mirror with Linked Arcs and Inscription Chang Yi Zi Sun, Eastern Han Dynasty

直径 22.1cm　重 1096g

半圆钮，柿蒂纹钮座。柿蒂四叶间铸有"长宜子孙"四字铭文。主题纹饰为内向的八连弧纹。连弧纹外饰有卷云纹间三角雷纹。素宽缘。1986年长沙市五里牌长岛饭店 M1 出土。

73. "长宜子孙"连弧云雷纹铜镜

东汉

Bronze Mirror with Linked Arcs and Inscription Beginning with Chang Yi Zi Sun, Eastern Han Dynasty

直径21.4cm　重961g

　　半球形钮，柿蒂纹钮座，蒂瓣间铸"长宜子孙"四字铭文，主题纹饰为内向八连弧纹，弧间饰简单细线图案。弧外饰卷云纹间三角雷纹。素宽缘，镜面稍凸，其上有纺织物印痕。1985年长沙市桐荫里五金厂M1出土。

　　此类铜镜在陕西、河南、广东、湖南等地均有出土，其形制一般较大，河北定县汉墓曾出土此类镜，同出有带"建武卅二年二月虎贲官治湅铜……"铭文的弩机，其年代为光武帝建武三十二年。另外1928年江苏徐州铜山县潘塘公社出土一件此类镜，同墓出土"建初二年蜀郡西工官王愔造□湅……"铭文剑，时代为章帝建初二年，由此看出，这类铜镜主要盛行于东汉，尤以东汉早、中期居多。

74."长宜子孙"连弧云雷纹铜镜
东汉

Bronze Mirror with Linked Arcs and Inscription Beginning with Chang Yi Zi Sun, Eastern Han Dynasty

直径 20.2cm 重 785g

半球形钮，柿蒂纹钮座，蒂瓣间铸"长宜子孙"四字铭文。主题纹饰为八连弧纹，弧间饰简单细线图案。弧外饰卷云间三角雷纹。素宽缘，镜面略凸。1979年长沙市湖南省林业局M3出土。

75. "尚方"十二辰博局纹铜镜
东汉

Bronze TLV Mirror with Inscription made by Shang Fang, Eastern Han Dynasty

直径 18 cm 重 505g

　　钮残，柿蒂钮座。钮座外围方框内有十二辰铭，每一边为三辰，分别为：亥子丑，寅卯辰，巳午未，申酉戌。每辰铭之间有一小乳钉。主题纹饰以博局纹及八乳钉分为四方八区，每方分别配有一神兽。青龙、白虎、朱雀、玄武各位于卯、酉、丑、子方，四神间饰有禽鸟、羽人、蟾蜍、瑞兽。纹区外围铭文为："尚方作镜真大好，上有仙人不知老，渴饮王泉饥食枣，寿如金石兮。"镜缘饰两圈锯齿纹夹双层波浪纹。1979年长沙市湖南省水电局M3出土。

　　关于羽人，最早有《山海经》记载："羽民国在其东南，其为人长头，身生羽。"《海外南经》中有周灵王太子，王子乔上嵩山修炼成仙，双臂化为两翼的故事。王充在《论衡·无形篇》提道："图仙人之形，体生毛，臂变为翼，行于云，则上增矣，千岁不死。"说明他认为羽人之说是虚言。这同时也证明了，在东汉时期羽人之说的盛行。在东汉画像镜"上华山，驾蜚龙"（汉镜铭文，"蜚"字即"飞"），就是对汉人羽化登仙的向往的一种具体描述。古人追求羽化登仙，向往神仙世界，在这里得到生动的体现。

76. "尚方"十二辰博局纹铜镜

东汉

Bronze TLV Mirror with Inscription of Twelve Earthly Branches Made by Shang Fang, Eastern Han Dynasy

直径16.4cm 重466g

　　半球形钮，柿蒂形钮座。座外方框内有十二辰铭，之间以乳钉纹间隔开。方框外八乳及博局纹区分的四方八区之丑寅与申未方位饰四鸟纹，其余方位饰有虎纹、龙纹以及羽人。外区铭文为："尚方作镜真大巧，上有仙人不知老。渴饮玉泉饥食枣。"镜缘部分为两周锯齿纹夹双线波浪纹。

　　东汉铜镜中常有十二辰出现，按照"子丑寅卯辰巳午未申酉戌亥"排列。其"辰"本意指日，日交会点，"十二辰"则为夏历十二个月的月朔时太阳的位置，是中国古代传统历法的体现，另外在这件十二辰镜上配有"尚方"铭文，铭文描述的是羽化升仙的神仙思想。两者结合使铜镜有了浓厚的神话色彩。

77 飞鸟博局纹铜镜

东汉

Bronze TLV Mirror with Birds, Eastern Han Dynasty

直径 10.5cm　重 162g

　　圆形镜，半球形钮，柿蒂纹双重方钮座，博局纹将主纹区分为四方八区，每区饰一枚乳钉和一飞鸟。鸟纹作双鸟对视状，其喙相对，间隙处配以小横条纹，其外有栉齿纹一组。镜缘上饰二周锯齿纹间水波纹，1979 年长沙市湖南省林业局 M3 出土，同时出土有"长宜子孙"连弧纹铜镜一枚。

78．"尚方"四神博局纹铜镜

东汉

Bronze TLV Mirror with Four Miraculous Creatures
Made by Shang Fang, Eastern Han Dynasty

直径 15.5cm　重 390g

　　半球形钮，方钮座，其上饰以小方横条纹及小橄榄形纹。博局纹将主纹区分为四方八区，每区饰乳钉一枚，其间分别配以四神及凤鸟、兽纹。外围有铭文一周，释为："尚方佳镜真大好，上有仙人不知老，渴饮玉泉饥食枣兮。"铭文带外围饰短斜线纹。镜缘厚，饰以三角锯齿间双线水波纹。镜面较平坦，纹饰清晰、规整，1981 年长沙市火车站邮电局 M19 出土。

79．"广方"四神博局纹铜镜

东汉

Bronze TLV Mirror with Inscription Beginning with Guang Fang, Eastern Han Dynasty

直径 13.3cm　重 192g

　　半球形钮，柿蒂钮座。外围饰有双线方框。博局纹将内区分为四方八区，每区均有一枚乳钉，分别配置青龙、白虎、朱雀、玄武、羽人与飞鸟区铭文为："广方作镜真大好，上有仙人不知老，渴饮玉泉饥食枣。孚好"。厚胎高缘，镜缘上装饰有两圈锯齿纹。

80. "尚方"四神博局纹铜镜

东汉

Bronze TLV Mirror with Four Miraculous Creatures and Inscription Made by Shang Fang, Eastern Han Dynasty

直径 12.8cm　重 412 克

107

　　半球形钮，柿蒂纹钮座。主体纹饰由博局纹分割成四方八区，每区饰小乳钉一枚，博局间夹饰有四神、鸟兽以及细碎点纹。纹饰区外为铭文带，铭文为："尚方作镜真大好，上有仙人不知老，渴饮玉泉饥食枣，浮游天下敖四海，寿如金石为国保。"镜缘宽平凸起，上饰锯齿纹间水波纹。镜面稍凸，尚有光泽。

　　"尚方"是汉武帝时期设立的铜镜制作官坊。《汉书·百官公卿表》中的少府下有"尚方"。颜师古注："尚方主作禁器物。"《后汉书·百官志》："尚方令一人，六百石。本注曰：掌上手工作御刀剑诸好器物，丞一人。"

　　东汉时期的铜镜铭文，起首有某作镜的，除了尚方作镜，青盖作镜，三羊作镜等能还有大量的姓氏著于文首的，如侯氏，王氏、李氏等说明当时私人铸镜的现象相当普遍。

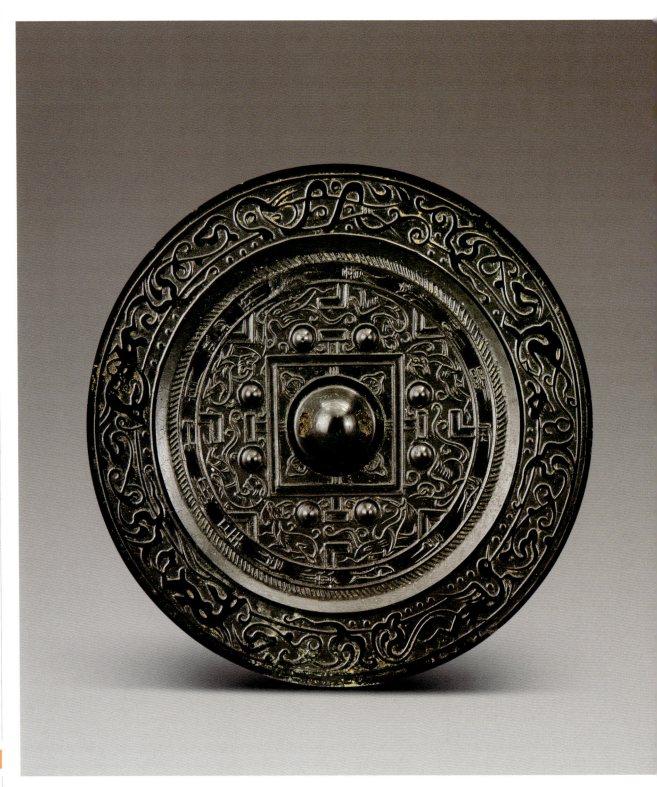

81. "汉有善铜"博局纹铜镜

东汉

Bronze TLV Mirror with Inscription Beginning with Han You Shang Tong, Eastern Han Dynasty

直径 13.8cm　重 473g

　　半球形钮，柿蒂纹钮座，座外接双线勾勒的凹弧面方框。主题纹饰以博局纹、乳钉分为四方八区，每区内分别饰有青龙、白虎、朱雀、山羊、羽人纹饰。主纹区外为铭文带，篆书十六字，内容为："汉有善铜出丹阳，取□清如明，左龙右。"铭文结尾处饰一鱼纹。镜缘饰青龙、朱雀、山羊与鱼纹，间以变形的缠枝纹，形象生动，线条极其优美。镜面平坦，光可照人。

　　汉丹阳镜以纹饰华美、质地精良广受人们的喜爱，而镜中具有广告意识的宣传用语，在缺乏商品经济意识的古代是不多见的。汉之丹阳，西周至春秋属吴、越，战国属楚，秦设鄣郡。其地大约相当于今天的皖南大部及浙江、江苏部分地区，地处我国著名的长江中下游铜铁矿带，有着丰富的铜矿资源，是先秦时期重要的铜产地之一。据考古资料分析，这里至迟在西周时期即已使用了硫化铜矿炼铜技术，大规模采治活动自西周始，历春秋、战国、秦、汉、六朝、唐、宋等历史时期，延续时间长达 2000 多年，至今仍为我国六大产铜基地之一。汉武帝元狩二年（前 121 年）改秦鄣郡为丹阳郡，同时在今铜陵铜官山下设置全国唯一的铜官，主领丹阳郡铜冶事宜。至此皖南境内铜矿的开采、冶炼日渐兴盛，丹阳铜也随之名扬四海。大量冶炼精良、纯度较高的丹阳铜源源不断的输送至各地，极大地促进了汉代制镜业的发展。以丹阳铜为原料制成的丹阳镜因其质地精良、做工精美而广受青睐，成为当时购镜者的首选之物和历代藏家争相追逐的对象。今天屡见镜背铸有"汉有善铜出丹阳"、"新有善铜出丹阳"、"新有名铜出丹阳"等记载铜料产地、赞美铜镜质量的具有广告性质铭文的汉镜，反映了当时人们商品意识的增强。

82. "尚方"四神博局纹铜镜

东汉

Bronze TLV Mirror with Inscription and Four Miraculous Creatures Made by Shang Fang, Eastern Han Dynasty

直径 12.1cm 重 361g

　　半球形钮，柿蒂纹钮座。钮座外围饰有双线方框。镜背主题纹饰以博局纹分为四方八区，每区饰乳钉一枚。四方八区配置的纹饰分别是：青龙配羽人，白虎配蟒蛇，朱雀、玄武配禽鸟。外圈铭文为："尚方佳镜真大可，上有山（仙）人不知老，渴饮玉。"镜缘装饰锯齿纹及双线波浪纹。1981年长沙市火车新站邮电局M19出土，同出还有"尚方"四神博局纹铜镜一枚。

83."尚方"四神博局纹铜镜

东汉

Bronze TLV Mirror with Inscription and Four Miraculous Creatures Made by Shang Fang, Eastern Han Dynasty

直径 13.2cm　重 285g

　　半球形钮，柿蒂钮座。主体纹饰以博局纹分为四方八区，每区饰有一枚乳钉。其内饰四象及瑞兽。外圈有铭文一周，内容为"尚方作镜真大好，上有仙人不知老，渴饮玉泉饥食枣兮。"镜缘饰有锯齿纹与回旋云气纹，镜面平坦。

　　铜镜铭文中的"升仙"内容也正是西汉时期人们普遍存在的一种对于死后世界的想象。铭文中所提到的"玉泉"在此类铜镜铭文中又通"王泉"、"黄泉"。《左传》隐公元年记载的郑伯克段的故事，郑伯誓曰："不及黄泉，毋相见也。"这是最早关于"黄泉"的说法。长沙子弹库的人物御龙帛画，马王堆出土的T型帛画中上层天界的主神，以及金乌，扶桑和蟾蜍，临沂金雀山九号墓出土的帛画之中的金乌（日）与蟾蜍（月），都体现了汉代人们对于死后世界的想象和敬畏。

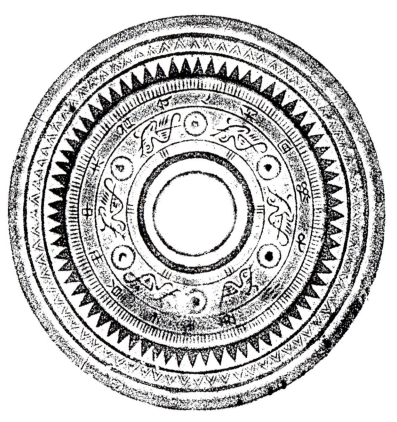

84．"侯氏"六乳鸟纹铜镜

东汉

Bronze Mirror with Six Nails and Birds Made by Hou Family, Eastern Han Dynasty

直径 12cm　厚 0.4cm　重 173g

　　半球形钮，圆钮座，座外饰鸟纹六组，并以六枚乳钉纹相间，其外为铭文带，铭文为："侯氏作竟（镜）世中未有，食人利宜孙子。"镜缘凸起，镜面稍凸，保存完好。

85. 五乳鸟纹铜镜
东汉

Bronze Mirror with Five Nails and Birds,
Eastern Han Dynasty

直径9.6cm　重165g

　　半球形钮，圆形钮座。钮座外围装饰一
周由线纹和圈点纹组成的图案。主题纹饰以
五枚乳钉分为五个区。每区配置有一鸟纹，其
中有一只为正视图案，其余四只为侧视图。飞
鸟或引颈回顾或昂首展翅。镜缘饰有一周锯
齿纹以及一圈双线水波纹。厚胎高缘，镜面
平坦。1977年长沙市九尾冲中药二厂工地M1
出土。

86. "乐如侯王"四神博局纹铜镜

东汉

Bronze TLV Mirror with Four Miraculous Creatures and Inscription Beginning with Le Ru Hou Wang, Eastern Han Dynasty

直径14cm　重468g

　　半球形钮，柿蒂纹钮座。博局纹将主纹区分为四方八区，每区饰乳钉一枚，其间分别配以四神以及鹿、凤鸟等纹样。外区有铭文带，释文曰："乐如侯王作佳镜哉，真大好，上有仙人不知老，浮游天下敖四海。"铭文带外围以栉齿纹及三角锯齿纹带装饰。镜缘饰云气纹，如剪纸状，镜面平坦，器物大部呈水银光泽。

　　博局镜亦称规矩镜，其图形作"TLV"状。规矩镜这一命名最早由梅原末治使用，梁上椿在《岩窟藏镜》中引用，因此我国学术界一直沿用"规矩镜"作为此类铜镜的名称。西方学者因其构图类似字母TLV，也称之为TLV镜。著名汉学家

鲁惟一在《TLV 铜镜及其象征意义》一文中，一方面从图像上比较了式盘和 TLV 铜镜的相关因素，另一方面还指出 TLV 铜镜与式盘各自的不同特征。他认为 TLV 铜镜暗示着宇宙图式中的最佳位置，铜镜的设计制作者希望通过有意地模仿式盘上的一些特征，从而使得式盘上出现的最有利的局面永远固定下来，以保证铜镜的所有者—不论生者还是死者—和宇宙保持一种正确的联系，拥有一个通向永生的最佳位置和最佳时机。规矩镜和 TLV 镜两种说法在长期内均为此类铜镜约定俗成的名称。

　　近年来考古发现的突破性进展为此类铜镜的命名引起了新的争论。继湖南长沙马王堆汉墓出土了漆木制六博盘及配套博具一组，六博盘盘面与此类铜镜的纹饰整体构图极为一致，后来又在河北平山县战国中山国王室墓中出土了玉制龙纹盘，其上也有这类纹饰，是最早的"六博盘"。《说文解字·竹部》："簙（博）、局戏也，六箸十二棋也。"故称六博，是秦汉时期十分流行的一种游戏。清段玉裁《说文解字注》曰："簙，古戏也，今不得实。"在新莽铜镜铭文中自称"刻娄博局去不羊"，由此正名。马王堆及中山王墓出土的六博盘不但使佚失千年的古博戏重见天日，也让此类铜镜获得了更为准确的名称与更丰富的诠释。沿袭数十年的"规矩镜"一名逐步被学界以"博局镜"取代。

87. 禽兽博局纹铜镜

东汉

Bronze TLV Mirror with Beasts, Eastern Han Dynasty

直径9.7cm 重170g

　　半球形钮，柿蒂纹座，外围双线方框，方框四角对应四颗乳钉将镜背主题纹饰分为四区。四区内分别饰青龙、白虎、鸟头兽、山羊。镜缘饰双线锯齿纹。

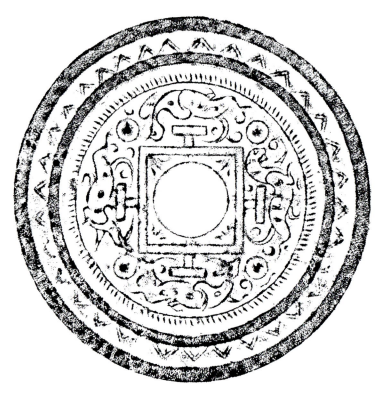

88. 四神博局纹铜镜
东汉

Bronze TLV Mirror with Four
Miraculous Creatures, Eastern
Han Dynasty

直径 11.2cm　重 303g

　　半球形钮，柿蒂纹钮座。主题
纹饰以博局纹和四凹面圆点分为
四方八区，每一方分别配置两两
相对的四神。宽素平缘。

89. "尚方"四乳纹铜镜

东汉

Bronze Mirror with Four Nails and Inscription Made by Shang Fang, Eastern Han Dynasty

直径 10.2cm 重 126g

　　半球形钮,圆钮座,钮座外饰一圈凸弦纹,主纹区内有简化的博局纹分为四个部分,每部分饰一乳钉,乳钉左右各饰以鸟纹,鸟喙相对,生动有趣。纹区外铭文为:"尚方佳镜真大好,上有仙人兮。"其外有斜短线纹一道。镜缘饰锯齿纹、弦纹。镜面平坦,保存完好。

　　该镜上之博局纹已简化,此情况在小型汉镜中常见。

90. 四神博局纹铜镜

东汉

Bronze TLV Mirror with Four Miraculous Creatures, Eastern Han Dynasty

直径 12.2cm　重 363g

　　半球形钮，柿蒂形钮座，座外为双线方框。主题纹饰为四神博局纹。青龙、白虎、朱雀、玄武四神分布于四区，以乳钉纹为分隔。素宽平缘，胎较薄。

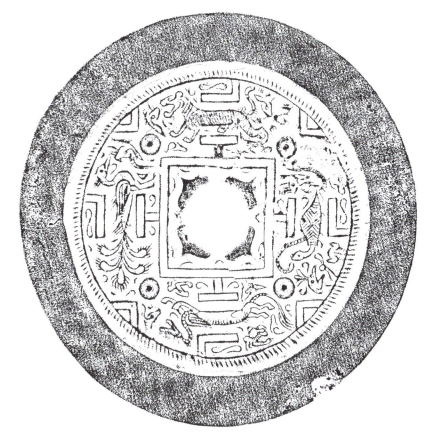

91. "新佳镜"四神博局纹铜镜

新莽

Bronze TLV Mirror with Xin Jia Jing, Xin Dynasty

直径 13.6cm　重 377g

　　半球形钮，变形柿蒂纹钮座。主纹区以博局纹分为四方八区，区内饰玉兔、白虎、乳鸟、青龙等瑞兽。外圈铭文为："新佳镜真大好，上有仙人不知老，渴饮玉泉饥食枣。"镜缘饰以锯齿纹与云气纹。镜面平坦，有纺织物印痕。

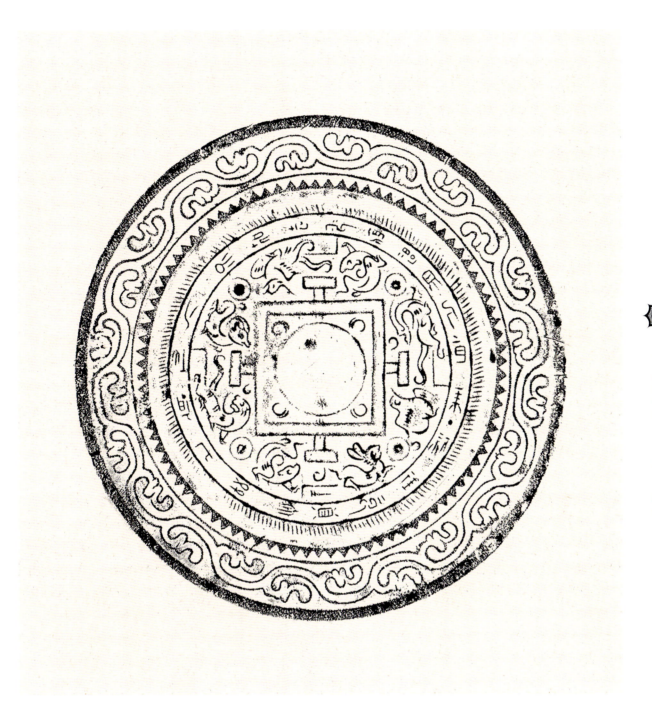

　　东、西汉之交的新莽时期是铜镜发展承前启后的重要阶段。此时六博纹铜镜开始流行，因其制作精良，图案美伦美奂是汉代铜镜的佼佼者。其特点是镜缘中带状花边装饰逐渐盛行，除西汉时期常见的素面平折缘外，几何纹和双线波折最为流行，其次是流云纹，同时也有少量锯齿波折纹和卷叶纹等，主题纹饰多神兽纹，四神图形逐渐完备。1963年湖南省永州市李家园新莽墓曾出土此类铜镜。

92. "新有"四神博局纹铜镜

新莽

Bronze TLV Mirror with Four Miraculous
Creatures, Xin Dynasty

直径 12.8cm　重 281g

　　半球形钮，简化柿蒂纹钮座。主题纹饰被
四乳及博局纹分为四方八区。区内饰白虎、青
龙、瑞兽及禽鸟纹。外圈铭文为＂新（？）有
□纪作（？）镜□□左左日□□。＂字体为篆
文。镜缘饰有繁复缠绕的连续云气纹。镜面平
坦。1983 年长沙市窑岭 M7 出土。

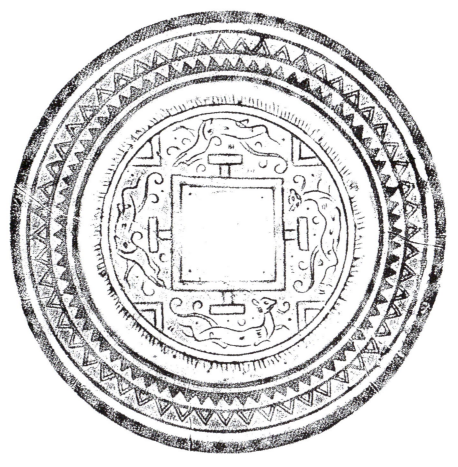

93. 四兽博局纹铜镜
东汉

Bronze TLV Mirror with Beasts, Eastern
Han Dynasty

直径 11.4cm　重 245g

　　半球形钮，圆钮座。钮座外围是双线
方格纹。博局纹将镜背主题纹饰分为四方。
每一方在 T 型博局纹之下饰有一瑞兽，横
跨整个方位。瑞兽形象不甚清晰，不形似
任何一具体的禽兽，为较相似的线条勾勒
手法稍加变形而成。镜缘上饰东汉铜镜常
见的锯齿纹与双线水波纹。

94. 简化博局纹铜镜
东汉

Bronze simplified TLV Mirror, Eastern Han
Dynasty

直径 9.4cm　重 179 g

　　半球形钮，圆形钮座。钮座外接双线凹
面的方框，方框外为简化博局纹中的T形纹。
主题纹饰为双重勾勒的弦纹夹有一周双线锯
齿纹。镜缘高起，饰有一圈双线锯齿纹。

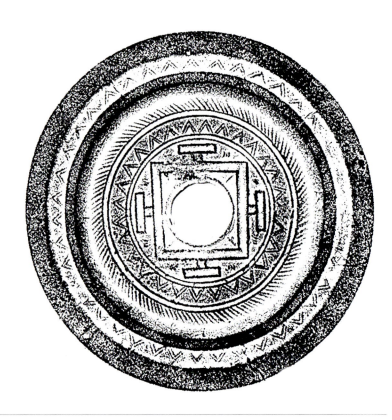

95. "陈氏"龙虎纹铜镜

东汉

Bronze Mirror with a Dragon and a Tiger Made by Chen Family, Eastern Han Dynasty

直径 13cm　重 464g

　　半球形钮，圆钮座，钮座外为主纹区，上饰龙虎纹各一。两兽兽首相对，皆瞪目张嘴，作吐舌状，其躯干呈高浮雕状上凸。周围饰以云纹及小碎点纹。铭文内容为："青盖陈氏作镜四夷服，多贺国定人民息，胡虏殄威天下服，风雨时节五谷熟，长保二亲得天力兮。"铭文带外饰短斜细纹一周，缘宽厚，饰双波纹及栉齿纹，镜面稍凸，1989 年长沙市南郊公园 M4 出土。

　　1953 年长沙市月亮山 M28 出土同类镜一面，但铭文无"陈氏"二字。

96. "尚方"龙虎纹铜镜

东汉

Bronze Mirror with a Dragon and a Tiger Made by Shang Fang, Eastern Han Dynasty

直径 12.6cm　重 397g

　　半球形钮高凸，圆钮座。主体纹饰为两龙一虎。其中一龙一虎呈对峙状，另一龙位于其尾部，形态皆瞪目张嘴，作咆哮状。躯体高凸，上饰羽鳞。龙虎间夹杂小碎点纹。近铭文带处间饰"宜子孙"三字篆体铭文。主纹区外一周铭文带，内

容为："尚方作镜四夷,服多贺官(?)家□□□□天相保无□□风雨时节五谷熟,长保二亲子孙力兮□。"铭文带外分别饰以短斜细纹、双线水波纹、锯齿纹。镜缘凸起,镜面稍凸。

　　龙虎纹是东汉铜镜中的常用题材,这类铜镜镜体一般较为厚重而形体略小,图案呈浅浮雕状。由于龙虎相对,有的学者还将其称为"龙虎交媾镜"。龙虎相对的题材在我国出现较早,早有西水坡遗址中就有龙虎图案的贝壳摆朔图案。这类图像在东汉谶纬之学盛行的情况下变得更加流行,青龙白虎就这一形像也广泛地渗透到日常生活之中。

97. "李氏"龙虎纹铜镜

东汉

Bronze Mirror with a Dragon and a Tiger Made by Li Family, Eastern Han Dynasty

直径11.5cm   重188g

　　半球形钮，圆钮座。主题纹饰为龙虎纹。虎双目圆瞪，露四齿，张嘴吐舌；龙角上扬，躯干饰鳞纹，龙虎之间尚夹一羊纹，呈跪乳状，躯干肥胖，四肢细小。主题纹饰外饰一周铭文带，其内容为："李氏作镜夷服，多贺国家人民息。胡虏殄灭天下服，风雨时节五谷熟，长保二亲得天力。"铭文外饰一圈短斜细纹，镜缘宽厚，上饰锯齿、双线水波及弦纹。镜面稍凸。

　　此镜的铭文内容，将汉代时一般民众的理想和愿望淋漓尽致的表达出来。其一它表现了当时人民心目中，"民族国家"观念的形成。汉朝建国以来一直到汉武帝时期与匈奴的对外战争，数百年的历史使人们对于"中国"的认识与过去区别开来；其二则为祈求上天风调雨顺，五谷丰登；其三则为企盼家庭幸福和子孙绵延。

98. "黄氏"仙人龙虎纹鎏金铜镜

东汉

Bronze Gilt Mirror with a Dragon and a Tiger and Immortals Made by Huang Family, Eastern Han Dynasty

直径 9.5cm　重 309g

　　半球形钮，圆钮座。主题纹饰呈高浮雕状，凸起于镜背之上，呈现出凌厉之势。整个镜面覆有鎏金，色呈金黄，大部分已被铜绿锈蚀。主题纹饰为龙虎纹，龙张嘴吐舌，与虎相对。龙虎身后为一昂首直立的鹿纹，一跪坐的仙人，二者亦呈两两相对状。主题纹饰之外饰一圈铭文，其内容为："黄氏作镜四夷服，多贺国家人民息，胡虏殄灭天下服，风雨时节五谷熟，长保二亲得天力，□告后□□□□□。"铭文外饰一圈短斜细纹，镜缘宽厚，上饰锯齿、双线水波及弦纹。镜面稍凸。

　　铜镜采用鎏金工艺始于战国，但多为局部纹饰错金。

　　西汉以后，出现了镜背纹饰大面积鎏金的装饰工艺，但多装饰简单的博局纹等，此镜在镜背纹饰精致复杂的情况下大面积的采用鎏金，说明东汉时期的铜镜鎏金技术已经达到较为成熟的阶段。

　　此镜为我馆馆藏唯一一面东汉鎏金铜镜。

129

99."侯氏"双龙纹铜镜

东汉

Bronze Mirror with Dragon and Tiger Made by Hou Family,Eastern Han Dynasty

直径 12.2cm　重 413g

　　圆形镜，半圆钮高凸，圆钮座。主题纹饰为双龙纹，龙纹张嘴瞪目，相互对视。躯干作高浮雕状，饰鳞纹，纹饰间夹有"侯氏"铭文。主题纹饰区有一圈斜短线纹环绕。镜缘高凸宽厚，其上饰有细密复杂的动物纹饰，呈剪纸状，有鸟、九尾狐、牛、蛇、鱼等，间以云气纹。镜面平坦。1977年长沙市九尾冲中药二厂 M1 出土。

100. 龙虎纹铜镜

东汉

Bronze Mirror with a Dragon and a Tiger, Eastern Han Dynasty

直径 11.3cm 重 264g

　　半球形钮，圆形钮座。主题纹饰为龙虎纹。虎头为正视图，龙头为侧视图。龙虎均生有羽翅，间饰有短条纹，或直或钩，位置也不甚规则。镜缘高起，其上饰有两周锯齿纹，中间一周双线勾勒的波浪纹。镜面微弧。1986年长沙市五里牌长岛饭店M1出土。

　　龙虎纹是东汉中晚期出现的纹饰，通常采用浮雕装饰手法，使镜背纹饰呈半立体状，形象更为逼真。

101．五铢龙纹铜镜
东汉

Bronze Mirror with Two Dragons and Wuzhu Coin, Eastern Han Dynasty

直径 8.4cm　重 153g

　　半球形钮，圆钮座，主题纹饰为龙纹。两龙身躯均呈波浪状，一左一右相互对峙，瞪目张嘴。龙首间夹饰一五铢铜钱纹方孔圆形，上有篆体铭文"五铢"二字。其外饰有一圈弦纹及短竖纹。宽缘，上饰锯齿纹及弦纹。

　　整个铜镜铸造不甚清晰，应为东汉末期制品，此一时期为铜镜制造的中衰期，产品一般较为粗糙。

102．"王氏"神兽纹铜镜

东汉

Bronze Mirror with Mythical Beasts Made by
Wang Family, Eastern Han Dynasty

直径9.7cm　重123g

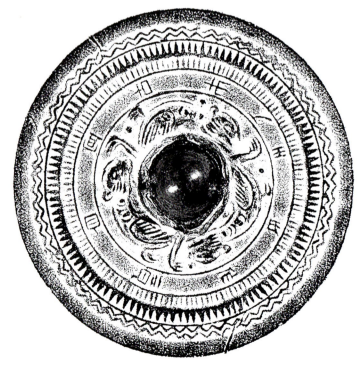

　　半球形钮，圆钮座，钮座外饰弦纹，主题纹饰为三组首尾相连之神兽。兽目圆睁，躯干上饰羽翅状纹饰，整体呈浮雕状凸起。主题纹饰外饰一周铭文带，内容为："王氏作镜宜古市人。"其外饰短斜细纹、锯齿及双波纹各一组，镜缘呈尖状凸起，镜面稍凸。

　　从目前见到的铜镜实物中可以看到，战国、西汉镜的镜面基本是平坦的，至东汉开始，方才大量出现镜面微凸的实例。关于镜面的凹凸问题，沈括在《梦溪笔谈》中有过相关的论述："古人铸鉴，鉴大则平，鉴小则凸。凡鉴洼则照人面大，凸则照人面小。小鉴不能全视人面，故令微凸，收人面令小，则鉴虽小而能全纳人面。"这个原理跟现代汽车反光镜是相同的。

103. 变形四叶四龙纹铜镜

东汉

Bronze Mirror with Four Dragons, Eastern Han Dynasty

直径 12.8cm　重 267g

半球形钮，圆座。"X"形纹饰将镜背主题纹饰分为四个区，每区配置一变形叶纹，一龙纹。变形叶纹由钮座向外伸出，龙纹则由右至左延伸，龙吻，龙角，龙须均清晰可见，呈剪纸型半浮雕状。镜缘极宽，素面平整。此镜整体呈现出古朴浑厚的风格，颜色也较为少见，通体呈褐色。

104. 变形四叶四龙纹铜镜
东汉

Bronze Mirror with Stylized Four Leaves and
Four Dragons, Eastern Han Dynasty

直径 14cm　重 293g

　　半球形钮，圆形钮座。四个矩形格将镜背
分为相等四个区，呈现出"十"字形。矩形格
内又由对角线分割为四区。钮座处每区伸出一
变形的叶纹，每区均配置有一完全相同的变形
龙纹，龙角，龙须，均清晰可见，呈现出张牙
舞爪的姿态。

　　此镜1975年长沙市银盆岭黄沙坡M5出土。
纹饰中的矩形对角线纹更近似汉代漆器上的变
形龙纹，《中国铜镜图典》收录一枚与此相似的
铜镜。

105. 变形四龙纹铜镜

东汉

Bronze Mirror with Stylized Four Dragons, Eastern Han Dynasty

直径 14.3cm　重 404g

　　半球形钮，圆形钮座。镜背主题纹饰被异形"Z"字纹分为四区。每区饰有一变形龙纹，其中两龙为正视图，两龙为侧视图，均衔住 Z 形的中间竖道。八半圆枚中的纹饰图案各异，分别为兔、鸟、花、凤、虎头、马、鸟头、花。线条均较为粗糙随意。镜缘宽厚，镜面微弧。1984 年长沙市曹家坡橡胶皮鞋厂 M1 出土。

106. "尚方"七乳禽兽纹铜镜

东汉

Bronze Mirror with Seven Nails and Mythical Beasts Made by Shang Fang, Eastern Han Dynasty

直径 19.3cm　重 445g

　　半球形钮，圆形钮座，座外一周饰九颗枚乳钉围绕，其外接一周粗弦纹。镜背主题纹饰被七枚乳钉分为七区，每区分别装饰有山羊、白虎、山羊、凤鸟、青龙、羽人、玄武，大致也与四神方位相符。主题纹饰外装饰一周铭文带，其内容为："尚方作镜大毋伤，巧工利之戌文章，左龙右虎辟不祥，朱雀玄武顺阴阳，子孙备具居中央，长保二亲富贵昌。"镜缘部分为两周锯齿纹夹双线波浪纹。

107. "尚方"四神纹铜镜

东汉

Bronze Mirror with Four Miraculous Creatures Made by Shang Fang, Eastern Han Dynasty

直径 19.2cm　重 878g

半球形钮，圆钮座，钮座外饰有一圈九枚细小乳钉，钉间除一处夹有"宜"字铭文外，其它均饰一鸟纹。主题纹饰为四神及瑞兽，共七组，以七枚乳钉相隔。铭文带用两组细双弦纹隔出，主题纹饰外装饰一周铭文带，其内容为："尚方作镜真大好，上有仙人不知老，渴饮玉泉饥食枣，浮游天下□□□□昌尹。"此昌尹应为作镜人名。镜缘宽厚，饰锯齿纹。此镜保存完整，镜面微凸，光泽可鉴，为东汉铜镜中的精品。1985年长沙市郊区武装部M1出土。

108. "杜氏"神兽纹铜镜

东汉

Bronze Mirror with Mythical Beasts Made by Du Family, Eastern Han Dynasty

直径 19.2cm 重 953g

　　半球形钮，圆形钮座。钮座外内圈主题纹饰以五颗乳钉分为五区，每区均装饰一只凤鸟，曲颈昂首，做振翅欲飞状。内外圈纹饰之间以一周凸弦纹隔开。外圈主题纹饰以六颗柿蒂纹座乳钉分为六区。各区之中纹饰相异，但基本可归为各

色人物活动图，或是舞蹈，或是弹奏，或是烹饪。线条勾勒优美，人物栩栩如生。外圈一周铭文带，其内容为："杜氏作镜大毋伤，汉有善铜出丹阳，家当大富□□□□□□□□□有奇辟不羊（祥），长宜之镜。"镜缘宽厚，上饰有两周锯齿纹，中间一周双线勾勒的水波纹。镜面平坦。长沙出土。

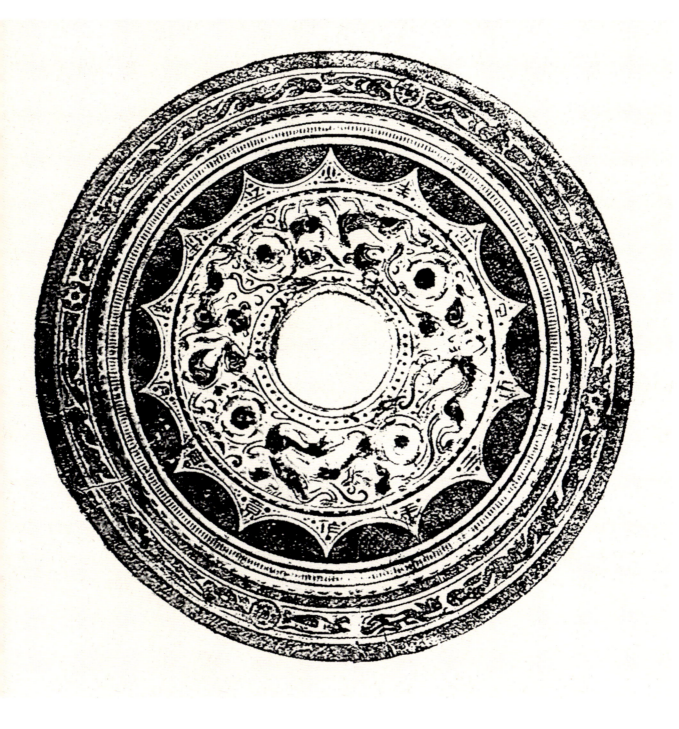

109. "三羊"神兽连弧纹铜镜

东汉

Bronze Mirror with Mythical Beast and Linked Arcs Made by San Yang, Eastern Han Dynasty

直径 22cm　重 1019g

　　半球形钮，圆钮座饰连珠细点纹。主题纹饰区以四枚柿蒂纹乳钉分隔为四个部分，每部分各饰有神兽一对。其形态各异，呈高浮雕状，或两两相对，或张牙舞爪，或交错缠绕，粗壮厚重却又形象生动。主题纹饰外饰内向十二连弧纹，每处连弧夹角处均饰有一铭文。铭文内容："三羊作竟（镜）自有纪，除（？）去不羊（祥）宜古市。"镜缘宽厚，饰五铢、龙虎、羽人、鸟兽纹，均呈剪纸状，刻画较浅。镜面稍凹，保存完好。

　　此镜铸造风格与东汉龙虎镜、神兽镜一致，但更为复杂精致，时代应为东汉中晚期。

110. "位至三公"变形四叶纹铜镜

东汉

Bronze Mirror with Stylized Four Leaves and Inscription Wei Zhi San Gong, Eastern Han Dynasty

直径 13.7cm　重 315g

半球形钮，圆钮座。主题纹饰为呈心形的变形四叶纹。其内有铭文："位至三公"。叶纹外间隙夹饰变形夔凤纹，计四组，极度变形。主纹饰区以一圈弦纹包围，弦纹外突起八组不规则小方块，其外有十二内向连弧纹带。此镜纹饰整体呈剪纸状，表面光滑，镜地粗糙。镜缘宽厚，镜面略凸。

此类铜镜为东汉中晚期产品，铭文多作"位至三公"、"君宜高官"、"长宜子孙"等吉祥用语。

111. "长宜子孙"连弧纹铜镜

东汉

Bronze Mirror with Linked Arcs and Inscription Chang Yi Zi Sun, Eastern Han Dynasty

直径 12.6cm　重 251g

　　半球形钮，柿蒂形钮座，蒂瓣间铸"长宜子孙"四字铭文，其外饰弦纹及短斜细纹。主题纹饰为内向八连弧纹，镜缘宽厚。

　　此镜之连弧纹的弧间已有分开趋势，是为东汉晚期半圆纹铜镜之雏形。

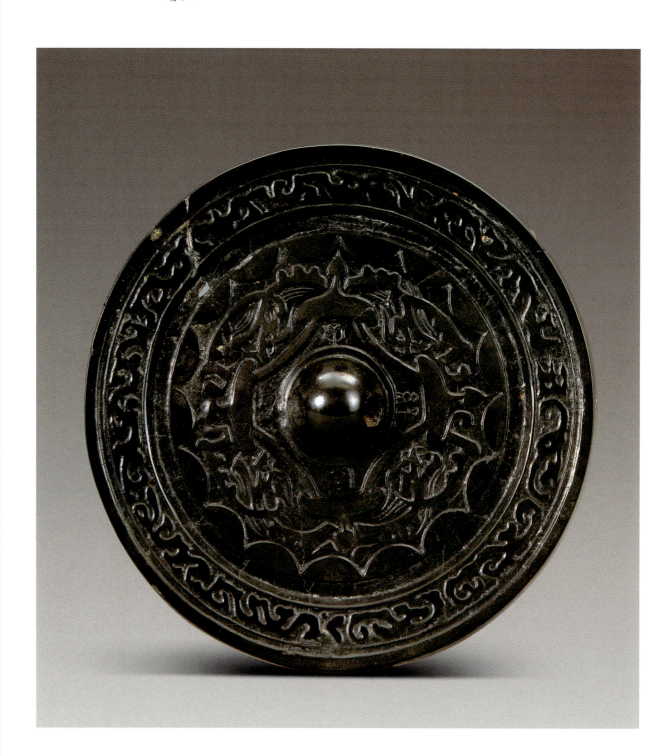

112．"长宜子孙"四叶四龙纹铜镜

东汉

Bronze Mirror with Four Leaves and Four Dragons and Inscription Chang Yi Zi Sun, Eastern Han Dynasty

直径14cm　重447g

　　半球形钮，圆形钮座。座外四方分别装饰四字铭文："长宜子孙"。铭文外饰变形四叶纹。四叶分列四方，以平滑内向

弧线相连，将镜背主题纹饰分为四区，每区配饰一龙纹。龙形为昂首向前，张牙舞爪。龙身极其简略，以带弧形的弦纹组成，从龙颈处又伸出一条与龙身类似的弦纹，在靠近叶纹折转形成叶状。主纹区装饰有内向的十六连弧纹。镜缘宽厚，其上装饰有变形龙纹，线条极抽象，勉强可辨头身。镜面微凸。1985年长沙市郊区武装部M2出土。

113. "正月午日"神人神兽画像铜镜

晋

Bronze Mirror with Mythical Beasts and Inscription Beginning with Zheng Yue Wu Ri, Jin Dynasty

直径20.1cm 重877g

　　半球形钮，圆钮座，钮座上饰连珠细点纹。主题纹饰为神人神兽，作高浮雕状。神兽计四组，状如天禄、辟邪，皆挺胸翘首，张嘴瞪目，两两相对，口内均含一棒状物。以"月午"和"人守"铭文为基准，上面一组为黄帝与侍者，相对一组为伯牙奏琴，伯牙善奏，子期善听；左面是西王母，右面是东王公，其旁均有青鸟和神兽相守。神人表情严肃，头梳发髻、服饰宽松，衣带作飘扬状，黄帝头戴冕旒。纹饰区外为铭文带，铭文铸于十四个方枚之上，每枚一字，内容为："正月午日作此镜上人守皆食太仓。"枚间饰有十四个半圆凸起，其上饰"冋"形纹。铭文外围饰的锯齿纹，镜缘稍凸，最内侧饰有一道凸弦纹，缘面分为两层，内层为六龙驾云车，神人坐于车上，车前为连续衔接龙纹。外层为菱形几何状流云纹。镜面稍凸，尚有光泽。

　　整个铜镜纹饰华美精细，铸造精良，铭文精致鲜见。既有东汉遗风，又开始出现隋唐铜镜的凸弦分割模式，这一转变时期的铜镜，具有较高的艺术价值。此类铜镜浙江出土数量较多，上海博物馆藏有"永康元年正月午日"以及"中平四年，五月午日"神人神兽画像镜。

114. "郑氏"神人神兽画像铜镜

东汉

Bronze Mirror with Immortal and Mythical Beasts Made by Zheng Family, Eastern Han Dynasty

直径 18.6cm 重 955g

半球形钮，莲花形钮座。镜背主题纹饰被五颗带座枚分为五区，纹饰带有浓厚的画像石故事风格，呈高浮雕状，分别描述了东王公、西王母相见故事，并有蟾蜍、座驾、羽人等环绕。外围有一圈隶体铭文，其内容为："郑氏作镜自有纪，上有东王公、西王母，公君阳远。宜子孙，长保二亲不知老。"镜缘饰有一周锯齿纹，外围饰有变形青龙、白虎、朱雀、蟾蜍、鱼等纹饰，并以五铢钱与眼纹间隔。长沙出土。

东王公、西王母是我国流传已久的神话中的人物。东王公又叫东王父、东公、木公，即周穆王，传说中最早居于"东荒山"的一个"大石室"中，"长一丈，头发皓白，人形鸟面而虎尾"，后来成了道教的"扶桑大帝，冠三危之冠，服九色云霞之服，居于云房之间，以紫云为盖，青云为城；仙童侍立，玉女散香；真僚仙宫，皆尊其命而朝奉翼卫"。而西王母又称金母、九天元女，传说中居于西边的昆仑山，最早"其状如人，豹尾、虎齿而善啸，蓬发戴胜"，曾是统管刀兵瘟疫的凶杀之神，后来演变为"雍容和平"，头饰大花髻，身穿汉式大袖袍，年约三十，"修短得中，天姿掩霭，容颜绝世"的美人，也成了统管"天上天下，三界十方"的道教女仙。

此镜钮座较为特殊。莲花纹作为铜镜纹饰开始出现，应是受到了佛教文化的影响。佛教对中国文化的影响，在东汉末年初见端倪。

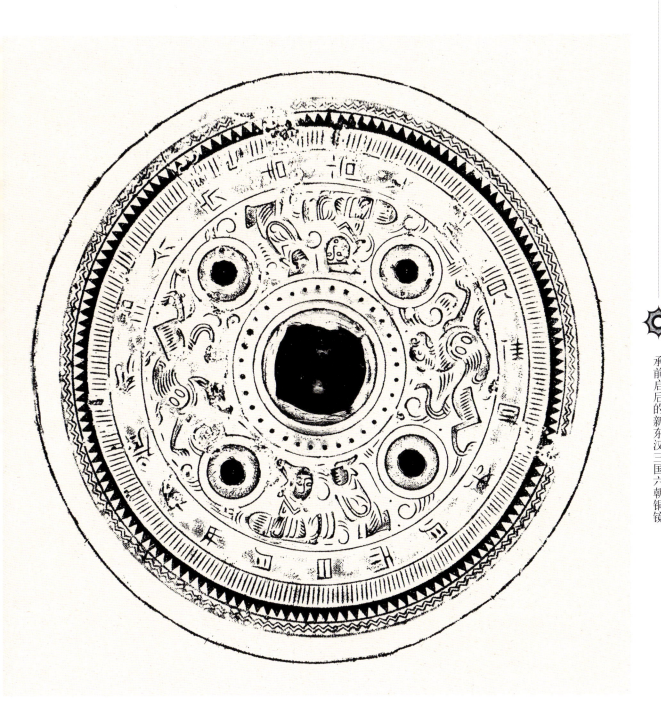

115. "尚方"神人龙虎画像铜镜

东汉

Bronze Mirror with Four Nails and Mythical Beasts Made by Shang Fang, Eastern Han Dynasty

直径15.6cm 重398 g

半球形钮，圆钮座。座外两圈细弦纹中间一周实心连珠纹。主题纹饰被圆钮尖状枚分为四区，青龙与白虎隔区相对，上为西王母，下为东王公，均正面端坐，侍者侧身跪地。主题纹饰均为高浮雕，凸起于镜面，极富立体感。其外为一圈铭文其内容为："尚方作镜佳且好，明而日月世少有，刻治今守吉。"镜缘饰有一周锯齿纹及一周双线波浪纹。镜面微弧。

此类铜镜在洛阳、湖北鄂城均有出土，上海博物馆藏有"龙氏神龙虎画像镜"与此镜类似，其流行时代一直延续到六朝。

116．"君宜高官"神人半圆方枚神兽画像铜镜
东汉

Bronze Mirror with Immortal and Mythical Beasts and Inscription Beginning with Jun Yi Gao Guan, Eastern Han Dynasty

直径8.5cm　重236g

　　半球形钮，圆座，钮座外饰一周半弧竖形圈带纹，以若干枣核形纹饰分隔。主题纹饰为仙人神兽，呈高浮雕状。神兽两组，形如辟邪，昂首挺胸，张嘴瞪目，形似飞驰。仙人端坐车骑之上，表情严肃，头梳发髻、服饰宽松，衣带飘扬，并笼袖，目不斜视。其旁有二人相对而坐，旁又有仙人长袖起舞。纹饰外圈为半圆方枚状的铭文带，12枚方枚被划分为田字格，每格均有文字，文字已不甚清晰，约有提到东王公，西王母，说明镜背主题纹饰为东王公与王母故事。其间亦有"君宜高官"等东汉铜镜常用吉祥祝语。方枚之间以半圆分隔，每半圆上饰有不同纹饰，其中花形纹饰又将每两个半圆分隔，其间纹饰多为凤鸟，瑞兽等。主题纹饰与镜缘之间微微凸起，已隐有隋唐铜镜中流行的分栏形态。边缘纹饰略有磨损，依稀可辨同样为主题纹饰的仙人神兽题材，并添加了凤鸟起舞的内容。镜外缘饰一周变形的云气纹，线条流畅生动。

117. 四兽纹铜镜

南朝

Bronze Mirror with Beasts, Southern Dynasty

直径 11.3cm 重 225

　　半球形钮,无钮座。主题纹饰为瑞兽纹,均作奔跑状,身躯粗壮,四肢细小,其间穿插有藤蔓纹。主纹区外有一高高凸起的弦纹。镜缘内侧饰有奔马、鸟等纹样,以蔓草纹相连。镜缘上凸,饰一周细点纹。整个铜镜纹饰铸造模糊,夹有范痕。

　　该镜为南朝制造,此一时期是我国铜镜制造工艺的中衰期,这对研究当时的铸镜工艺以及衰落原因有一定参考价值。

活色生香的隋唐五代铜镜

隋 唐是铜镜发展史上最后一个辉煌时期。隋镜发展时间短，却形成了独特的风格，以团花镜为主要代表，内外分栏，铭文首度采用了当时流行的楷体。而唐镜则承接隋镜的大气与厚重，具有了更加宏大恢张的气魄。菱形花镜、葵花镜的型式首度出现。瑞兽与花草是唐镜早期常见的装饰风格，后期则出现了八卦镜与人物故事镜。其中造型浑厚，纹饰精奇的瑞兽葡萄镜正是唐代文化海纳百川、中外文化水乳交融的一个象征。在装饰工艺上，唐镜更是不拘一格，贴金银、金银平脱、嵌螺钿等手法较为常见，更为唐镜增添了一层艳丽的色彩。

Lively with Colors
——Bronze Mirrors of Sui, and Five Dynasties
Sui and Tang Dynasties saw the last glorious development period for bronze mirrors. It took only a short time for Sui mirrors to evolve into a new style that used flower bouquets pattern, double decoration circle on the back, and the then popular regular script of calligraphy for inscription. Tang mirrors, inherited the stately aura of Sui mirrors, further escalated the enterprising and imposing atmosphere. It was also in that period diamond-shaped mirrors with glass pattern and sunflower-shaped mirrors came into existence. Patterns of auspicious animal and greenery were commonly used in early stage of Tang mirrors; while in the later period, it was patterns of Eight Trigram and story figures widely applied. Among all, the bronze mirrors patterned with auspicious animal and grapes were the symbolization of Tang culture, which was open and receptive to the outside world. In decoration craft, Tang mirrors was not limited to one style; commonly used techniques were the applique of gold and silver, gold and sliver pattern leveling with and emerging from a lacquer base, shell embedding, etc.

118．博局瑞兽纹铜镜

隋

Bronze TLV Mirror with Auspicious Beasts and Inscription Beginning with Shang De Qin Wang Jing, Sui Dynasty

直径 16.6 cm　重 454g

　　半球形钮，圆形钮座，钮座外围莲瓣一周共计22瓣，再辅以方框，四隅各一颗星形纹。方框四角所对的Ⅴ纹将镜背主题纹饰分为四区，每区饰有一相向的瑞兽。瑞兽两两相对，或昂首向前，或曲颈回首，瑞兽的形态及其旁的装饰纹样有着一定的差异。主纹区外凸起界栏与铭文带，铸铭文二十字："赏得秦王镜，判不惜千金，非关欲照胆，特是自明心。"外缘凸于铭文带，饰两圈锯齿纹。

　　铭文中的"秦王镜"，有两种说法，一是根据《西京杂记》记载："汉高祖初入咸阳宫，周行库府，见有方镜，广四尺，高五尺九寸，表里有明，秦始皇常以照宫人，胆张心动者则杀之。"此说中镜名之为"秦王镜"，是指秦始皇，在阿房宫的入口处悬挂一面巨大的铜镜，传说铜镜可以照胆，对人有震慑作用，秦始皇用它来照出怀有二心的觐见者或者刺客，后世又有"秦镜高悬"（明镜高悬）的说法。一说是指即位之前封为秦王的唐太宗李世民，李世民曾名言："以铜为镜，可以正衣冠，以史为镜，可以知兴替；以人为镜，可以明得失。朕常保此三镜，以防己过。"

119. "玉匣"瑞兽纹铜镜

隋唐

Bronze Mirror with Auspicious Beasts and Inscription Beginning with Yu Xia, Sui Dynasty

直径 14.7 cm　重 441g

　　半球形钮，圆形钮座，钮座外围莲瓣一周共计22瓣。主题纹饰为两组瑞兽，似为辟邪与天禄，辟邪昂首，天禄曲颈回首。外围凸起界栏与铭文带，铸铭文二十字："玉匣盼开镜，轻灰拂去尘，光若一片水，映照两边人。"镜缘为两圈锯齿纹。镜面平坦。

　　镜背铭文为北周诗人庾信所写的《咏镜》："玉匣聊开镜，轻灰暂拭尘，光如一片水，影照两边人。月生无有桂，花开不逐春，试挂淮南竹，堪能见四邻的上阙。"

　　《西京杂记》所记："汉帝送死，皆珠襦玉匣。匣形如铠甲，连以金缕（金缕玉衣）。"可见玉匣是用来装盛铜镜的。唐人王建所写的《老妇叹镜》一诗："嫁时明镜老犹在，黄金镂画双凤背，忆昔咸阳初买来，灯前自绣芙蓉带。十年不开一片铁，长向暗中梳白发。今日后床重照看，生死终当此长别。"诗中的"开"就是指开镜，又叫做"磨镜"。铜镜买来后，一般用过一两年后，镜面发暗，就需要"开镜"。唐人刘禹锡《磨镜篇》中写到："流尘翳明镜，岁久看如漆。门前负局人，为我一磨拂。萍开绿池满，晕尽金波溢。白日照空心，圆光走幽室。山神妖气沮，野魅真形出。却思未磨时，瓦砾来唐突。"

120. 素面铜镜
唐

Bronze Mirror without Pattern, Tang Dynasty

直径 30.6cm　重 1782g

　　圆钮较小，通体素面无纹，素宽缘。形制较大，1987年长沙市桃花岭中南工大M1出土。此墓共出土铜镜七面。分别为：素面铜镜三枚、双凤朝阳铜镜一枚、芙蓉花纹铜镜一枚、"巢父饮牛"铜镜一枚、星宿八卦纹铜镜一枚。

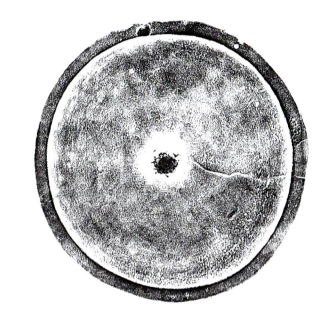

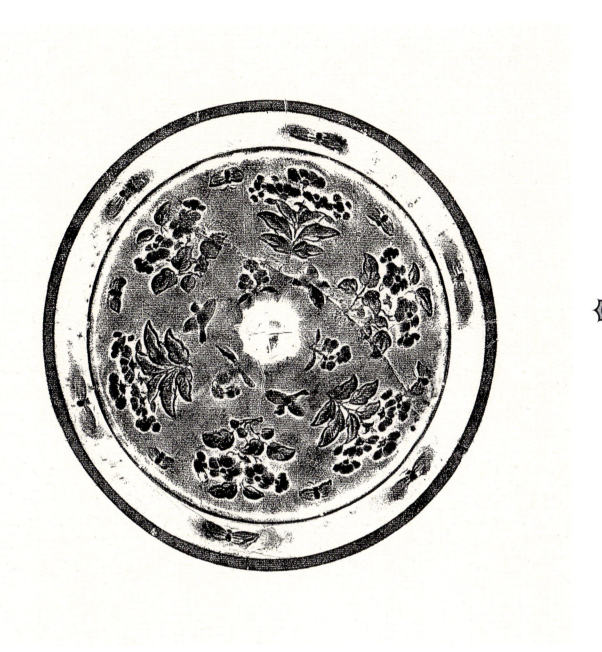

121．花卉蝴蝶纹铜镜
唐

Bronze Mirror with Flowers and Butterflies, Tang Dynasty

直径25cm　重1667g

163

　　圆形镜，半圆形钮，无钮座，主题纹饰为花鸟组合。钮座外饰小型花鸟三组。鸟作飞翔状，翘尾张翅。花为折枝花，每朵四瓣，每枝三朵，配两叶。其外饰大型花卉，均为折枝状，计六组，分两种，其一花朵侧视，叶互生，叶脉叶缘清晰；其二花朵可见花蕊，叶对生，叶腋夹花蕾。每组折枝花间均夹饰一小蝶。边缘尚有蜂蝶纹一组，分别位于折枝花顶端。该镜形制较大，纹饰清晰、写实，生动传神，呈现出花香鸟语的意境，具有较高的艺术价值。
　　1983年长沙市望城县铜官窑址附近唐墓出土。

122. 蟠龙纹铜镜
唐

Bronze Mirror with a Coiled Dragon, Tang Dynasty

直径 16cm　重 883g

半球形钮。主题纹饰是唐镜中常见的单体蟠龙纹，呈浅浮雕状。龙头回转，双角耸起，张口吐舌，咬向镜钮，龙爪雄健，伸向四方，尾部与后爪相纠结，躯体饰繁密的鳞纹。龙的形象非常雄伟，作飞跃盘旋之势，此镜构图得当，钮两侧龙首与龙尾相互平衡。

蟠龙纹铜镜在唐代相当流行，尤以这种一只或者两只蟠龙铸造在铜镜上的固定程式，始于开元年间，同玄宗皇帝的生日有莫大的关联。李白诗云："美人赠此蟠龙之宝镜，烛我金缕之罗衣，时将红袖拂明月，为惜普照之余晖。"

龙纹镜在唐墓中也屡有出土，如《中国青铜器全集》16 之 167、168、169 皆为蟠龙纹镜。

164

123. 蟠龙纹铜镜

唐

Bronze Mirror with a Coiled Dragon, Tang Dynasty

直径 15.6cm　重 491g

　　半球形钮，主题纹饰为龙纹。龙沿钮盘曲，角高挺，瞪目张嘴，欲含住圆钮。躯干饰鳞纹，张牙舞爪翻腾于镜面。整个身躯呈半浮雕状，造型结实生动，大气，素宽缘，镜面平坦。1992 年长沙市劳动广场 M1 出土。

　　以龙作为铜镜图案，始于东周，盛于战国，主要是蟠龙和交龙纹，汉镜上的龙纹早期沿楚式，以蟠龙形态为主，自西汉中期以后，逐渐演化为"四神"形态之青龙。到东汉晚期，有单个龙纹盘曲于钮座，张牙舞爪。唐代的蟠龙纹镜，单体龙形态居多，形象雄伟，作飞跃盘旋之势，龙角后举，张口吐舌，四肢伸张多为三尖后，后肢有的与尾部勾连，饰的繁复的鳞纹。四周有祥相云相伴，多为圆形或葵花形，此类镜在当时非常流行。《古今图书集成》记载有："唐天宝三载五月十五日，扬州进水心镜一面，纵横九寸，青莹光眉目，皆有蟠龙，长三尺四寸五分，势如生动"，便是说的此类镜。

124. 双凤纹铜镜
唐

Bronze Mirror with Two Phoenixes, Tang Dynasties

径 25cm　重 1108g

　　半球形钮，主题纹饰为双凤纹。凤首靠近圆钮，呈回顾状，整个凤呈"C"形，羽翅复杂，工艺粗放，形制较大。1987 年长沙市桃花岭中南工大 M1 出土。

125. 蜻蜓花卉纹铜镜

唐

Bronze Mirror with Dragonflies and Flowers,
Tang Dynasty

直径 15.3cm　重 254g

　　小圆钮，花瓣钮座，计八瓣。主题纹饰为
折枝花及蜻蜓，花朵为五瓣，层次丰富花蕊清
晰、挺立。其左右各伸叶一片，枝干变为流云
状，此纹多见于凤鸟衔绶镜上。蜻蜓计四翅，上
大下小，身躯呈节肢状，头部模糊或不见。胎
体薄，素缘上凸，镜面平坦。该镜铸造年代已
近晚唐。

　　蜻蜓纹在唐宋镜中均可见，但主要点缀装
饰于花叶纹之间，以此蜻蜓纹作为主题纹饰的
铜镜所见不多，此类型花卉镜在湖南曾有出
土，其中一件造型与此类似，为花瓣钮座，折
枝花形态，然无蜻蜓纹。

167

126. 菱花形四雀花枝纹铜镜

唐

Bronze Octafoil Mirror with Birds and
Flowers, Tang Dynasty

直径 10.1cm 重 303g

八瓣菱花形，圆形钮，钮顶扁平。主
题纹饰为四只鸟雀栖立，身躯肥大，两爪
明显、细长，上饰如意状祥云纹，镜缘凸
起，为八瓣菱花缘，上饰如意云纹及折枝
花草纹。镜背、面均有光泽。长沙出土。

此镜为唐代流行风格，其鸟纹多为
飞翔与栖立相间，均作栖立状的形式不
多见。

127．菱花形花鸟纹铜镜
唐

Bronze Octafoil Mirror with Birds and Flowers, Tang Dynasty

直径 12.3cm　重 266g

　　八瓣菱花形，小圆钮，主题纹饰为花鸟纹，有飞鸟四只折枝草叶四组。鸟纹有两种，其一长颈、短尾，状如鸿雁，其二短颈、长尾，如山雀，均作飞翔状，以顺时针方向盘旋。折枝纹间于鸟纹间，造型基本一致，图案化卷曲，茎如流云。纹饰由一道弦纹包围。镜缘凸起，每瓣均饰有花纹，计有蜂蝶、折枝花两种，蜂蝶为侧视，折枝花均作两叶一花状。

128．菱花形飞禽奔兽纹铜镜

唐

Bronze Octafoil Mirror with Beasts and Flowers,
Tang Dynasty

直径 11cm　重 336g

　　八瓣菱花形，圆形钮，主题纹饰为飞禽及奔兽，有四组，均衡排列于镜面。禽均做雀状，展翅，计两组，其一衔枝。兽有两种，其一为马，其二为瑞兽，头有角，张嘴，尾如如意，二者均作奔跑状。兽间夹饰折枝花、草叶。镜缘凸起，为八瓣菱花缘，每瓣内饰一如意状云气纹。此镜光泽极佳。1987年长沙上大垅麻园湾 M5 出土。

170

129. 葵花形四仙骑纹铜镜

唐

Bronze Lobed Mirror with Immortals and owned cranes, Tang Dynasty

直径12cm　重285g

　　八瓣葵花形，内切圆形，圆钮，上有"+"形刻痕。主题纹饰为四仙人骑兽、鹤腾空飞翔，同向绕钮。仙人头戴云冠，着宽衣，身后有飘带两道。其鹤作展翅申颈状，瑞兽四肢奔腾，作迅跑状。镜缘凸起，为八出葵花缘，瓣内饰以花枝蜂蝶纹。1985年长沙市武警总队出土。

　　该类镜为唐时所流行，出土和传世均不少。唐代是一个文化大融合的时代，亦是我国人物绘画艺术的一个高峰，出现了大量写实作品，在铜镜造型的设计上，也一定程度上受到了当时绘画艺术的影响，它一改战国秦汉纹饰符号化模式，加入各种新型、外来工艺，形成了这种与前朝迥异的风格。此镜上飞仙纹的造型，颇有"吴带当风"之感，具有较高的艺术审美价值。

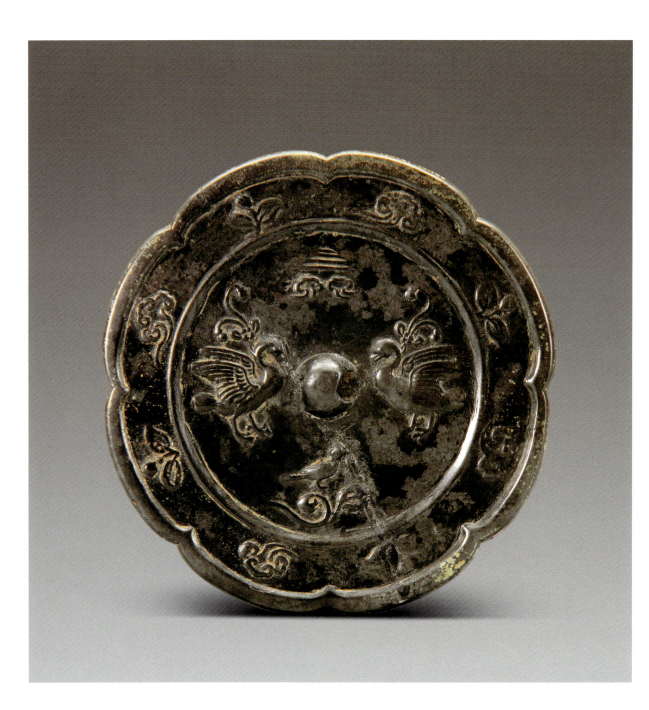

130. 葵花形双鸾纹铜镜

唐

Bronze Lobed Mirror with Two Phoenixes, Tang Dynasty

直径 12.3cm　重 338g

　　圆钮，无钮座。主题纹饰为二鸾相对，翅微张，曲颈低首。另两方一方为云气纹，另一方为一鸟压枝的图形。镜缘部分饰有一周草叶与云纹相间的图案，八瓣葵花镜缘每瓣装饰有一株草叶或一朵云纹。镜面平坦。1983年长沙市望城县铜官窑附近唐墓出土。

  鸾是中国古代的祥瑞之一，常与凤同出。《旧唐书》卷三七 志第一七："睢阳之人适野聚观旬日，人不知其名，郡人李翱见之曰：'"此鸾也，凤之次。'"鸾凤纹是唐代铜镜的常用图案，亦常用于当时贵族的日常生活之中。《旧唐书》卷一八零 列传第一三零："元忠进志诚所造衮龙衣二副及被服鞍鞯，皆绣饰鸾凤日月之行，或为王字。"《新唐书》卷三四 志第二四 五行志一："武后时，嬖臣张易之为母藏作七宝帐，有鱼龙鸾凤之行，仍为象床。犀簟。"

  传说中鸾为赤色五彩，鸡形。《山海经》："女床山有鸡，状如翟，而五彩，名曰鸾，且则天下太平安宁。"唐代诗人李贺《美人梳头歌》中云："双鸾开镜秋水光"，李群玉诗句"曾见双鸾舞镜中，联飞接影对春风"，都是赞美铜镜中的双鸾纹饰的。舞鸾镜流行于盛唐到中唐时期，唐代幅员辽阔、经济繁荣，文化昌盛，在铜镜纹饰上也表现出了一幅歌舞升平的盛唐景象。

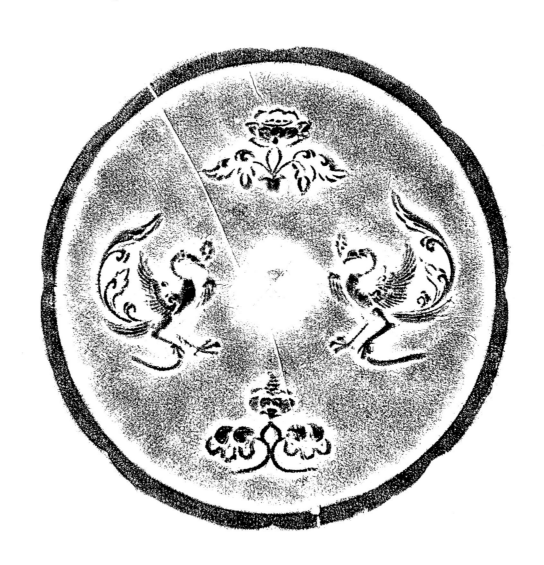

131. 葵花形双鸾纹铜镜
唐

Bronze Lobed Mirror with Phoenixes and
Flowers, Tang Dynasty

直径15.1cm　重662g

　　八瓣葵花形,圆钮,主题纹饰为凤鸟及花卉纹。凤鸟计两只,相互对视,形态相同,长尾上翘,爪向前矗立。花卉同为两组,上下各一,其上花形似莲,叶为牡丹叶。其下花呈宝塔状,叶下垂。镜缘凸起,镜面平坦。

132. 葵花形八花枝纹铜镜

唐

Bronze Lobed Mirror with Flowering
Branches, Tang Dynasty

直径 30cm 重 1769g

钮残。钮周为一朵宝相花，其外为一
周连珠纹。镜背主题纹饰为两种八组形态
各异的花枝，一种叶片多，枝伸展较宽，一
种叶片较少，枝株较少。枝端有三花瓣与
上镜花枝有同有异，大同小异。1987 年长
沙市桃花岭中南工业大学 M1 出土。

宝相花，又称宝仙花。属蔷薇科，朵大
而艳丽，多瓣。或认为是一种象征性的吉
祥纹样。其图形既类似于莲花，又类似牡
丹。唐式镜中的宝相花多类似莲花，而宋
式镜中的宝相花多类似牡丹。此类花纹是
随着佛教在中国的盛行而逐步流行起来的。

133. 葵花形花鸟纹铜镜

唐

Bronze Lobed Mirror with Flowering Branches and Birds, Tang Dynasty

直径 26.7 cm　重 1272g

　　六瓣葵花形，半球形钮，钮周饰花草纹，共六组。其外有连珠纹圈带包围。主题纹饰为花鸟纹，有大型折枝花卉六组，造型略有不同，但均为束状，叶脉清晰，造型写实。每花束间饰一蜂、鸟纹，造型圆润。镜缘凸起，镜面平坦，形制较大。

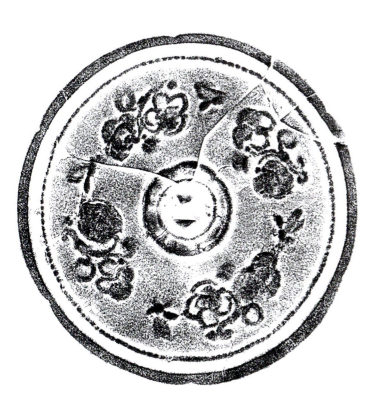

134. 葵花形四花纹铜镜

唐

Bronze Lobed Mirror with Flowers, Tang Dynasty

直径 16cm　重 329g

　　六瓣葵花形，桥形钮，磨损严重，圆钮座作变形花朵形，主题纹饰为折枝花卉，凡四组，花瓣作凸缘空心状，花间饰蜂蝶四只，素缘，内饰圆弦一周。

　　此镜钮座与上海博物馆所藏唐莲花纹葵花形镜较为相似，为莲花或宝相花之变形。此镜从制作工艺上来看，为晚唐制品。

135. 缠枝葡萄纹铜镜

唐

Bronze Animal-and-Grape Mirror with Interlaced Branches, Tang Dynasty

直径 8.7cm 重 235g

　　狻猊钮。主题纹饰为缠枝花果纹，花果有三种，其一葡萄；其二状如南瓜，分三瓣；其三为花蕾。夹饰卷叶。外区无纹，素卷缘，镜面平坦，纹饰较为模糊，应为晚唐制品。1980年长沙市望城县稽山公社南冲出土。

136. 缠枝葡萄纹铜镜

唐

Bronze Animal-and-Grape Mirror with Inter-laced Branches, Tang Dynasty

直径9cm　重146g

　　半球形钮，宝相花钮座，主题纹饰为葡萄纹，共五组，每组由葡萄果一串及叶蔓构成，果实丰满，以小圆点表示果粒，掌形叶，上有叶脉，以藤蔓相连，夹饰小花朵状圆点。外区为缠枝纹，呈带状二方连续，计重复八组，单元图样为以"S"型蔓枝为中心，上、下各饰一朵三瓣花。镜缘上卷，饰弧纹及细点纹。

137．缠枝葡萄纹铜镜

唐

Bronze Animal-and-Grape Mirror with Interlaced Branches, Tang Dynasty

直径 9.2cm 重 167g

　　半球形钮，宝相花形钮座。钮座外装饰以葡萄蔓枝纹，五串葡萄在内区均匀分布，以葡萄叶间隔开来，又以枝叶连接。镜背外区纯以蔓枝装饰，回转缠绕。厚胎高缘，镜背微弧。1983年长沙市杜家园老干所M1出土。

　　唐镜中葡萄通常与瑞兽纹组合称为"瑞兽葡桃镜"。纯粹的葡萄纹镜亦不多见。

　　葡萄，汉时称"蒲陶"，《史记》卷一二三 大宛列传第六三："汉使取其实来，于是天子始种苜蓿，蒲陶肥饶地。"六朝时又称"蒲桃"，唐时已不见于史籍，唐朝王翰《凉州词》："葡萄美酒夜光杯，欲饮琵琶马上催。醉卧沙场君莫笑，古来征战几人回。"说明葡萄以及葡萄制品——葡萄酒已经深入中原人民生活。

138．缠枝葡萄纹铜镜

唐

Bronze Animal-and-Grape Mirror ,Tang Dynasty

直径9.7cm　重251g

　　半球形钮，宝相花钮座。整个镜背由一道凸弦纹分割成内外两区，内区饰葡萄果叶纹，计五组，葡萄丰满圆润，每串后以藤蔓联结一片葡萄叶，果叶之间点缀有小碎点及花朵纹。外区由二方连续忍冬纹连成一圈，线条流畅。镜缘高翘，上饰锯齿纹。镜面略凸，保存完好。

139．海马葡萄纹铜镜
唐

Bronze Animal-and-Grape Mirror, Tang Dynasty

直径 10.9cm　重 413g

　　狻猊钮。镜背以一道凸弧分割成内外两区，内区饰海马四只，翘首、伸肢，鼻高挺，尾飘逸，身体卷曲。外区饰鸟雀八只，有的作飞翔状，有的作停息状。内外区鸟兽间均饰以葡萄、蔓枝、花卉纹。镜缘上卷，上饰小碎花纹一周，整个镜面呈高浮雕状，纹饰精美、繁复，富有动感。镜面平坦，尚有光泽。

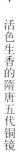
140. 海马葡萄纹铜镜
唐

Bronze Animal-and-Grape Mirror, Tang Dynasty

直径 11.8cm　重 488g

　　狻猊钮，钮形壮硕。主题纹饰以一道凸弧分割成内外两区，内区饰海马四只，有的作奔跑状，有的作伏地状，嘴皆大张，外区饰长绶鸟八只，尾长飘逸，内外区皆以葡萄、蔓枝、花卉纹间之。镜缘上卷，上饰小碎花纹一周，纹饰均呈高浮雕状，繁复精美。镜面平坦，镜侧锈蚀处有纺织物印痕，入葬时当有镜衣包裹。

　　1981 年长沙市岳麓山采集。

141. 海马葡萄纹铜镜

唐

Bronze Animal-and-Grape Mirror, Tang Dynasty

直径 12.5cm　重 708g

　　狻猊钮，主题纹饰为以一饰细点纹之凸弦分割为内外两区。内区主题为围绕狻猊之五只海马。海马造型生动活泼，翘首张嘴，扬尾，以顺时针方向排列，造型稍有不同，其间以葡萄纹填充。外区为鸟蝶，鸟雀形态多样，计有八只，有作飞翔状、有盘旋长尾如长绶鸟、有啄食葡萄状，其间夹有蜂蝶五只，有作飞舞状，亦有作停息草叶状。蜂蝶间以葡萄、蔓

枝、草叶填充。缘上翘，饰以连珠状花朵。此镜作高浮雕，纹饰精细、写实、生动具有较高的艺术价值。长沙出土。

　　镜中所饰之海马，其得名尚无一致认识，有人认为是受唐代天马影响，有认为海马为海外之马、青海之马，还有学者认为其得名于古伊朗祭祀中的"Haoma"一词，在东汉时期讹传变化而来。此类铜镜在宋代《博古图录》上称海马葡萄镜；在《西清古鉴》上称为海兽葡萄镜。另外还有天马葡萄镜、瑞兽葡萄镜、禽兽葡萄镜等多种说法，主要流行于唐武则天时期。

142.海马孔雀葡萄纹铜镜

唐

Bronze Animal-and-Grape Mirror with Peacocks, Tang Dynasty

直径17.9cm　重1870g

　　伏兽钮座，厚缘高凸。主题纹饰由一道凸弦分割为内外两区，内区围绕伏兽钮饰海马四只，孔雀两只。海兽仰首、孔雀屈颈翘尾，形象生动。外区饰葡萄蔓枝及飞鸟，近缘处饰碎花一周。整个铜镜铸造精美，纹饰呈高浮雕状，是唐代铜镜的典型代表。此镜长沙市宁乡县墓葬出土。

　　孔雀，属鸡形目，雉科，又名越鸟、南客，凡两种，即绿孔雀和蓝孔雀。蓝孔雀又名印度孔雀，雄鸟羽毛为宝蓝色，富有金属光泽，分布在印度和斯里兰卡。绿孔雀又名爪哇孔雀，分布在东南亚。这种动物自汉代传入我国，其中汉乐府中有《孔雀东南飞》一文，记载的便是发生于汉献帝时期的故事。唐葡萄镜中的孔雀应属于蓝孔雀。

143．葵花形十二生肖八卦纹铜镜

唐

Bronze Lobed Mirror with 12 symbolic animals and Eight Trigrams, Tang Dynasty

直径15.2cm　重670g

　　八瓣葵花形缘，伏兽钮，荷叶状钮座，上饰叶脉纹。钮座外为八卦纹，八卦纹外饰浅浮雕状十二生肖纹，动物造型生动，均作奔跑跳跃状，动感十足。该镜保存较好，部分区域呈现水银青沁。

　　十二生肖，早在《诗经·小雅》里就有"吉日庚午，即差我马"的记载，到战国秦汉时期已初具雏形，例如云梦睡虎地《日书》甲种中有《盗者》一文，其载有："子，鼠也，盗者兑口希须，……丑，牛也，盗者大鼻长颈，……寅，虎也，盗者状，希须，面有黑焉。卯，兔也，盗者大面头。辰，□□□盗者男子，青赤色……巳，虫也，盗者长而黑蛇目。午，鹿也，盗者长颈小胻，其身不全。……未，马也，盗者长须耳。申，环也，盗者圆面……"我们今天所见的十二生肖最早见于东汉王充《论衡·物势》一文，其载有："寅，木也，其禽，虎也。戌，土也，其禽，犬也。……午，马也。子，鼠也，酉，鸡也。卯，兔也。……亥，豕也。未，羊也。丑，牛也。……巳，蛇也。申，猴也。"而这枚铜镜是唐代产品，其十二生肖顺序与今日已经完全一致，可见这种文化符号在唐代社会生活中已经根深蒂固。

144. 方形"千秋万岁"八卦纹铜镜

唐

Bronze Square Mirror with Eight Trigrams and Inscription Qian Qiu Wan Sui, Tang Dynasty

边长 16.4cm　重 658g

　　镜呈方形。圆钮，圆形钮座，纹饰由主题纹饰和地纹构成。钮座环列一周八卦纹。其外四角各有一字铭文，合为"千秋万岁"。"万"字为简体字。四字之间间有禽兽纹以及花叶纹，地纹为连珠纹。

　　八卦图最早出自伏羲所创的先天八卦。其用阴爻和阳爻的组合来阐述天地中八种最原始的物质。后天八卦出自周文王，但只是和先天八卦的位置不同，其含义不变。汉朝时道家更由易经中的阴阳、八卦、五行等创出了无数的术数。《新唐书》卷二七上 志第一七:"《易》始于三微而生一象，四象成而后八卦章。"

　　八卦纹的纹饰最早出现在铜镜上并非始于唐代晚期，《方镜铭》上就有了镜背图刻八卦纹二十八宿之说。但是此类铜镜是在唐代中晚期达到高峰的，这与唐代道教流行与道教在唐代的大发展密切相关，借助与道教的关系，八卦镜一直延续到宋代以后。

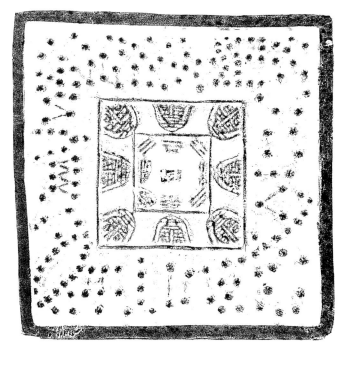

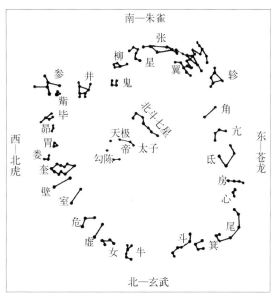

二十八星宿图

145. 方形星宿八卦纹铜镜

唐

Bronze Square Mirror with 28 constellations and Eight Trigrams, Tang Dynasty

直径 24cm 重 1.824Kg

桥型方钮，八卦钮座，外接一周半环形福禄寿纹，并以双层方框将其与钮座和主题纹饰分隔。镜背主题纹饰为星宿图，其描绘形状与二十八星宿基本一致。素边平缘。1987 年长沙市桃花岭中南工业大学 M1 出土。

汉代纬书《尚书考灵曜》云："二十八宿，天元气，万物之精也。故东方角、亢、氐、房、心、尾、箕七宿，其形如龙，曰'左青龙'。南方井、鬼、柳、星、张、翼、轸七宿，其形如鹑鸟，曰'前朱雀'。西方奎、娄、胃、昴、毕、觜、参七宿，其形如虎，曰'右白虎'。北方斗、牛、女、虚、危、室、壁七宿，其形如龟蛇，曰'后玄武'。"道教对此天象加以拟人化，为之定姓名、服色和职掌，顶礼膜拜。《云笈七签》卷二十四《二十八宿》称："甲从官阳神也，角星神主之，阳神九人，姓宾名远生，衣绿玄单衣，角星宿主之。乙从官阴神也，亢星神主之，阴神四人，姓扶名司马，马头赤身，衣赤缇单衣，带剑，亢星神主之。"其余二十六宿类此。《太上洞神五星诸宿日月混常经》又对二十八宿之状貌、行为作了描述。曰："角星之精，常以立春后寅卯日游于寺观中，形少髭鬓，参问禅礼，……或游于酒肆自饮，……识者求之，多示人养生播种之术。""亢、氐、房三星之精，常以寅卯日同行，衣青苍衣，……游于人众中或大斋会处，……即是求之，多与人救世之术。"

道教的兴起是星宿学的一个转折点。道教对二十八星宿有了个新的解释。他们认为，二十八星宿是保护四神兽的天神，而四神则是保护天地四方的神灵。于是就有了所谓的四神。道教又根据四神二十八星宿的方位编排了许多图阵，比如"九曲黄河阵"等等，这些都成为后世风水学的理论。

146. "亞"字形"许由洗耳，巢父饮牛"铭文铜镜

唐

Bronze Quadrilobed Mirror with the Legend of Xu You and Chao Fu, Tang Dynasty

长 18.6cm　宽 18.5cm　重 679g

　　"亞"字形，小圆钮。主题纹饰可分为三层，上层居中饰有一丛树冠，树冠左侧铭文为："巢父饮牛"，右侧铭文为："许由洗耳。"中层左侧为一人左手指路，右手牵绳，右侧为一人头向左微侧下蹲，左手靠水，右手示意左侧人物，二人之下有一牛，沿河行走。第三层为水波纹，表示水流。

　　人物故事是唐代后期铜镜的一个主要装饰题材。此镜中的巢父饮牛和许由洗耳是两个相继的故事。巢父与许由同为《高士传》中所列七十二高士之一。巢父避世隐居，躬耕而食。正当许由洗耳时，巢父牵牛饮水。问明原因后，巢父深恐

洗过耳的水再污染牛口，就将牛牵往上游饮水。杜佑《通典》："洗耳河源出箕山，在汝州城北五十里。许由避尧之让，隐于箕山，洗耳于此，故名。"晋皇甫谧著《高士传》亦有记载："许由隐于沛泽之中，尧以天下让之，乃而遁于中岳，颖水之阳，箕山之下。又召为九州长，由不欲闻，洗耳于水滨。"

该枚铜镜1987年出土于长沙市桃花岭中南工大M1。该墓为土坑墓，方向为正南，长11.5米，宽7.9米，残深4.6米，由甬道及前、中、后室四部分组成，从坑底周围的散水沟，石柱石出及甬道及残存的长条铁钩件等推测，原墓室应为一大型木构建筑。坑底铺浮雕几何图案的青砖，中空的铺地砖下并列置两副石棺。此墓曾经被盗，但由于棺室藏于地砖下而幸免，因此该墓出土了50余件珍贵文物，除前文介绍过的七面铜镜外，还有金银玉石器二十多件，瓷器拾余件，其中，仅秘色青瓷就有5件，十分珍贵，墓主当为晚唐代潭洲府（长沙）高等贵族。

147. 方形龙纹铜镜

五代

Bronze Square Mirror with Double Dragons, Five Dynasties

边长 10.7cm 重 130g

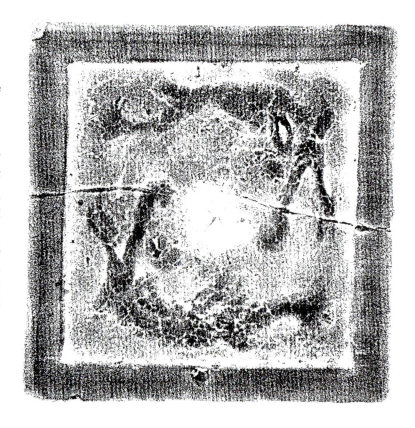

　　方形镜，小圆钮，素宽缘，主题纹饰为双龙纹，皆瞪目张嘴，其上有龟裂纹，不甚清晰，胎薄，镜缘上有刀凿加工痕迹，工艺粗放。这类特征也是鉴定五代铜镜的重要依据。

　　该镜1982年长沙德雅路M3出土。此类铜镜1956年长沙黄土岭亦有出土，为五代典型风格。五代时期，长沙为马氏楚国都城，此段时期的器物为研究当时长沙地区的社会历史有一定的参考价值。

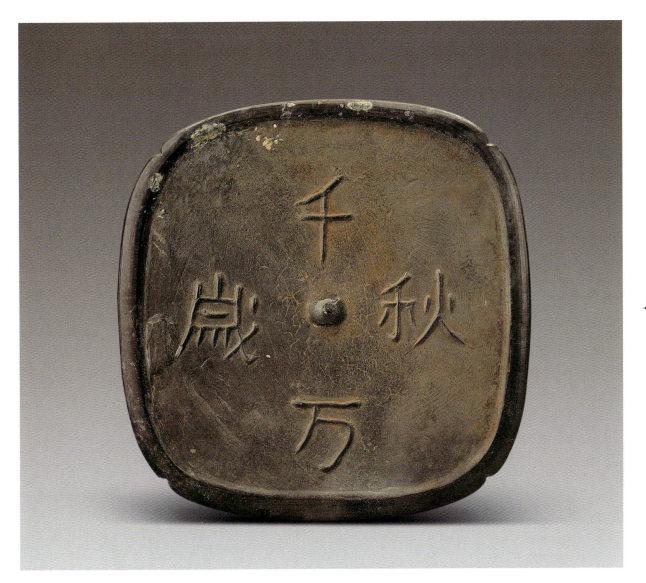

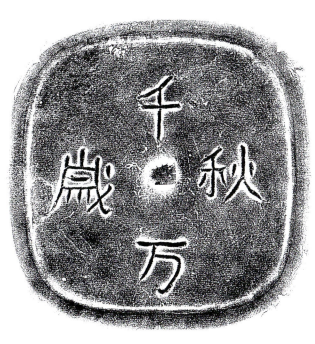

148. "亞"字形"千秋万岁"铭文铜镜

五代

Bronze Quadrilobed Mirror with Inscription Qian Qiu
Wan Sui, Five Dynasties

边长 14.7cm　重 544g

　　"亞"字形，桥钮，上有铭文："千秋万岁"，其中
"万"字为简体，镜缘微凸，镜面平坦，尚有光泽。

　　根据此镜镜背有龟裂纹，铸造粗糙以及镜缘有修
錾痕迹等特点，长沙市博物馆另藏有一面五代双龙纹
方形铜镜，与此特征相同，故可以断定其此镜为五代时
期所铸。

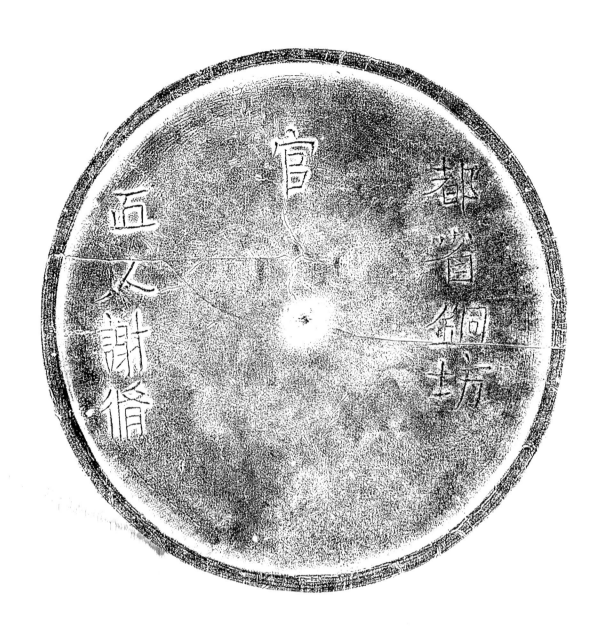

149. "都省铜坊"铭文铜镜

五代

Bronze Mirror with Inscription Guan Made by Xie Xiu, Five Dynasties

直径 30.5cm　重 865g

　　桥型小钮，无钮座。镜背主题纹饰为九字铭文，正上方为"官"字，右部为"都省铜坊"，左部为"匠人谢修"。镜缘微凸，镜面平坦。

　　据《旧五代史·职官志》，"都省"是指尚书省的辖丞、司，"铜坊"则为尚书省控制的官营制铜手工作坊，一直延续到北宋时期。此镜的铭文证实了都省铜坊的官方性质，同时表明了这一铜镜作坊内部实行的匠人负责制。

150.葵花形双凤纹铜镜

五代

Bronze Lobed Mirror with Two Phoenixes and Flowers, Five Dynasties

直径21.1cm　重1109g

　　八瓣葵花形，半圆钮，钮外饰鱼鳞状花纹。主题纹饰为双凤纹，呈顺时针方形盘旋，凤首上扬，振翅，凤尾飘逸，凤纹以三道弦纹包围。外区饰以折枝花卉八组，花作菊花状，上、左、右各出一叶，枝干紧贴弦纹，纹饰刻画较浅，不甚清晰。素缘，镜面平坦，形制较大。

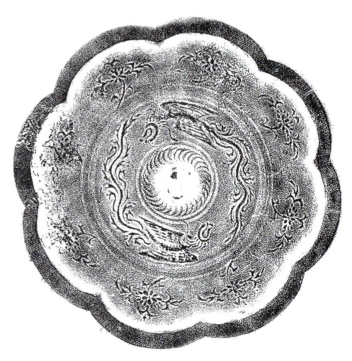

151．折枝花卉纹铜镜

五代

Bronze Mirror with Flowering Branches, Five Dynasties

直径 13.5cm　重 315g

　　半圆形钮，无钮座，主题纹饰为花鸟组合。钮座外饰小型花卉一组，为折枝花。其外饰大型花，均为折枝状，计六组，分两种，其一花朵侧视，叶互生，叶脉叶缘清晰；其二花朵可见花蕊，叶对生，叶腋夹花蕾。镜缘内饰鸟纹六组。镜面平坦，尚有光泽。

　　此镜纹饰与造型与1983年长沙市望城县铜官窑墓葬出土铜镜类似，为典型的晚唐风格，但其铸造工艺已无唐代精细，应为五代时期所铸。

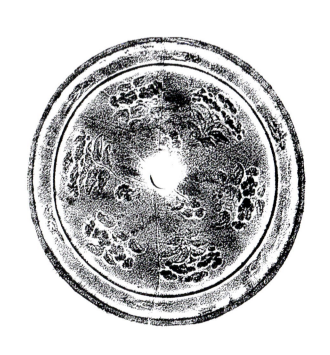

走向衰亡的宋元明清铜镜

由 于宋代开始的货币商品经济的空前发达，作为货币的铜资源的稀缺而带来的"钱荒"一直贯穿着王朝的始终，在这种情况下，铜镜则彻底丧失了作为艺术品的价值，论斤两出卖成为衡量铜镜价值的方式。因此，制造工艺上的粗疏、纹饰题材上的极度世俗化成为了宋代以降铜镜制造的主流。铜镜在形制上五花八门，菱形、葵形、方形、矩形、甚至带柄，镜钮却基本统一为小圆钮，道教故事、佛教偈语、民间传说、花鸟虫鱼等都搬上了铜镜背面。到明代，由于题材的枯竭和尚古风气的带动，仿制楚式镜与汉镜甚至成为一时的主流。及至清代中期，由于西洋玻璃镜的传入，铜镜才终于退出了历史舞台。

The last Afterglow
——Bronze Mirrors of Song, Yuan , Ming, and Qing Dynasties

Since Song Dynasty ,money commodity economy began to develop at an unprecedented scale , and as a result , bronze, from which coins were made, came into short in supply and bronze mirrors, despite their artistry value, were weighted and sold in market as raw material. So it is not hard to understand how come most bronze mirrors since Song Dynasty were made with ragged craftsmanship and garish decorations. Mirrors became widely varied in shape, such as shapes resembled diamond, sunflower, square, rectangular, and even some were made with a handle; while the button on the back of mirror was simplified into a small round button. Different concepts made their way to the back of mirrors, such as Taoist stories, Buddhist hymns, folklore, flowers, birds, insects, fish. When it came to Ming Dynasty, due to the lack of fresh subjects and a trend of advocating the resumption of ancient styles, imitations of Chu mirrors and Han mirrors enjoyed a momentary popularity. By the time of mid-Qing Dynasty, with the introduction of glass mirrors from the West , bronze mirrors finally bowed out of the stage of history.

152. 龙凤纹铜镜
宋

Bronze Mirror with a Dragon and a Phoenix,
Song Dynasty

直径 23 cm　重 1661g

　　小圆钮，无钮座，镜缘凸起。主体纹饰为龙凤纹。龙纹躯体宽大，饰鳞，不甚清晰。凤纹呈浅线描状，复杂流畅。龙凤之间夹饰有卷云纹及火纹，镜面平坦，保存完整。

　　该镜之凤纹具有同时代凤纹装饰常见的复杂细腻风格，镜体形制较大，在宋镜中较为少见。

153. 带柄凤纹铜镜

宋

Bronze Mirror with Handle and Design of Phoenix and Legend of Moon Rabbit, Song Dynasty

直径 12.2cm　柄长 10.4cm　重 481g

　　圆形有柄，图案作线刻状。凤首居中，结构复杂，羽毛刻画精致，凤尾飘逸。其左有一月，中有桂树及玉兔捣药。间隙处饰以繁复精细的云气纹。整个纹饰如刻雕版一般均匀、精细，镜缘凸起，与镜柄连为一体。镜面平坦，质地为黄铜。

154. 葵花形仙人龟鹤同春纹铜镜
宋

Bronze Lobed Mirror with Immortal, owned cranes and tortoise Made by Peng Family , Song Dynasty

直径 11.9cm 重 179g

六瓣葵花形，桥形钮，花瓣形钮座。主题纹饰呈浮雕状，左侧有相互缠绕的松树两棵，松下有仙人脚踏祥云，双手捧物。右侧有一腾飞的仙鹤，鹤下有龟及祥云纹，下方再以水草贝壳装饰表示河流。镜钮两侧各有铭文其右为："老彭"，其左为："真镜"。镜面稍凸，呈粉绿色。

该镜题材为宋代常见，用以表达长寿含义。铭文"老彭"表制镜者名，"真镜"表明其质量形优良，为彭氏所制，这类铭文在宋时习见。

155．菱花形抚琴人物纹铜镜

宋

Bronze Octafoil Mirror with the Legend of Yu Boya and Zhong Ziqi, Song Dynasty

直径 12.9cm　重 308g

　　八瓣菱花形，桥钮。镜背主题纹饰为人物故事。左侧为一人正面抚琴，右面一人站在门外观望，似求拜谒。二人之间相隔一座木桥，其背景为山林树木。主题纹饰外为一周祥云纹。素镜缘。

　　此人物故事应为"高山流水"。"高山流水"最先出自《列子·汤问》："伯牙善鼓琴，钟子期善听。伯牙鼓琴，志在高山，钟子期曰：'善哉，峨峨兮若泰山！'志在流水，钟子期曰：'善哉，洋洋若江河！'伯牙所念，钟子期必得之。伯牙游于泰山之阴，卒逢暴雨，止于岩下，心悲，乃援琴而鼓之。初为'霖雨'之操，更造'崩山'之音。曲每奏，钟子期辄穷其趣。伯牙乃舍琴而叹曰：'善哉，善哉，子之听夫！志想象犹吾心也。吾于何逃哉？'"又据《吕氏春秋·本味篇》载："伯牙鼓琴，钟子期听之，方鼓琴而志在泰山，钟子期曰：'善哉乎鼓琴！巍巍乎若泰山！'少时而志在流水。钟子期曰：'善哉鼓琴，洋洋乎若流水。'钟子期死，伯牙摔琴绝弦，终身不复鼓琴，以为世无足复为鼓琴者。"

　　宋代的人物故事镜数量较前代而言有了极大的增加。这与唐后期出现的传奇小说，乃至宋代出现话本等小说形式有密切的关系，人们开始在日常生活的其他器物中描绘关于各类故事的图像，这也是市民生活繁荣的一种标志。

156. 人物故事纹铜镜

宋

Bronze Mirror with the Legend of Xu You and Chao Fu, Song Dynasty

直径 11.7cm　重 267g

　　桥形钮，素宽边。镜背主题纹饰层次分明，镜钮之上为远山茅屋，左侧为虬枝松树，一条山间小道由茅屋经过松树同向镜钮之下的江水。小道之旁有一人物蹲坐，右手从江中捞水洗耳，镜钮右侧为一人牵牛，前来饮水。整体纹饰呈浮雕状，线条较为粗糙。

　　镜背纹饰题材为唐末以来常见的"许由洗耳，巢父饮牛"故事。晋皇甫谧《高士传·许由》载："许由，字武仲，阳城槐里人也。为人据义履方，邪席不坐，邪膳不食"、"尧让天下于许由……（不爱而逃去）尧又召为九州长，由不欲闻之，洗耳于颍水滨"、"许由殁，葬箕山之巅，……尧因就其墓，号曰箕山公神，以配祀五岳，世世奉祀，至今不绝也。"《庄子·逍遥游》里记载了许由"拒受尧禅"时的一番对话。尧让天下于许由曰："日月出矣，而爝火不息，其于光也，不亦难乎！时雨降矣，而犹浸灌，其于泽也，不亦劳乎！夫子立，而天下治，而我犹尸之，吾自视缺然。请致天下。"许由曰："子治天下，天下既已治也，而我犹代子，吾将为名乎、名者，实之宾也，吾将为宾乎？鹪鹩巢于深林，不过一枝；偃鼠饮河，不过满腹，归休乎君，予无所用天下为！庖人虽不治庖，尸祝不越樽俎而代之矣。"我馆收藏的唐代铜镜亦有此类题材。

157. 菱花形四神八卦纹铜镜

宋

Bronze Octafoil Mirror with Four Miraculous Creatures and Eight Trigrams, Song Dynasty

直径 12.4cm 重 221g

207

八瓣菱花形，花瓣钮座。钮座外环列四神纹。四神形象勉强可辨，但无细致之处。其外环列八卦纹，四神方位与八卦方位一致，玄武与坎位相近，朱雀在离位之侧。素缘。

唐代就有四方倭角八卦镜，但图案比较简单，做工也比较粗糙。真正以主纹饰的形式出现是在晚唐和宋代，而以宋代为最。目前宋代八卦镜的造型很多，有方形、圆形、八瓣葵花形、八瓣菱花形等，八卦镜的名称也多种多样，有四神八卦镜、花瓣八卦镜、十二地支八卦镜、日月星辰八卦镜、纪年铭八卦镜等。

道教太平道在《太平经》中以易 理八卦来"穷道通意"，称八卦的卦象变化，体现了天地、壮老的兴衰变化，将卦象变化的理论作为表述道教道义思想的一种手段。宋代是道教兴旺的年代，道教思想在民间流传甚广，八卦纹饰也成为日常生活用品的装饰图案。

158. 葵花形四神八卦纹铜镜

宋

Bronze Lobed Mirror with Four Miraculous Creatures and
Eight Trigrams, Song Dynasty

直径 11.7cm　重 284g

　　六瓣葵花形，镜背下凹，桥形钮，花形钮座。主题纹饰
为四像纹，呈浮雕状。朱雀、白虎、玄武、青龙依次排列，
均作奔腾跳跃状。四像外饰八卦纹。镜面平坦，保存完好。
四像八卦纹在宋代铜镜中常见，该镜纹饰铸造优良，细部刻
画精致。

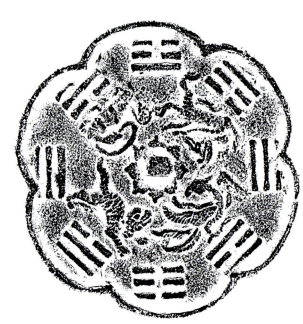

159. 菱花形十二属五行八卦纹铜镜
宋

Bronze Hexafoil Mirror with Twelve Earthly Branches, the five elements and the Eight Trigrams, Song Dynasty

直径 16.6 厘米　重 454g

　　六瓣菱边形，圆钮座，座顶平坦。钮座边饰八卦纹，八卦外饰双层方框，框内有铭文，为十二地支，楷书，呈顺时针排布。框外有香炉、树木火焰等五组图形，表示五行。香炉外有一印章式铭文，锈蚀严重，已无法释读。缘凸起，内饰一圈弦纹。

　　此铜镜所见不多，在墓葬中多用来避邪。南宋周密在《癸辛杂识》一书中说："世大殓后，用镜悬棺，盖以照尸取光明破暗之意。"这种习俗至少在五代已经形成。类似器物在《中国铜镜图典》中载有一例，为圆形，纹饰近似，但出土地不详。

160. 葵花形飞仙花卉纹铜镜
宋

Bronze Lobed Mirror with Immortals and Flowers, Song Dynasty

直径 14.7cm　重 554g

　　八瓣葵花形，双重缘，略凸，桥形钮，花形钮座，镜背由一道弦纹分割为内外两区，内区饰飞仙两组、如意云纹两组，相互交错排列呈顺时针方向。外区饰飞仙纹四组，折枝花纹四组，交错排列，亦呈顺时针方向。镜面稍凸，有部分区域残损。

　　该镜纹饰在一定程度上保留了晚唐风格，特别是其上的飞仙造型在唐代纹饰中所习见，但宋代的铸造技术已近趋于衰落，无论从纹饰的精美程度还是制作材料上都远不及前朝。

161. 葵花形飞仙花卉纹铜镜
宋

Bronze Lobed Mirror with Immortals and Flowers, Song Dynasty

直径 15.4cm　重 539g

八瓣葵花形缘，其内有重弦一道，小圆钮，花瓣形钮座，镜背由三重弦纹分割为内外两区，内区饰四组飞仙纹，呈逆时针方向外区饰折枝花卉纹八组，分别位于每组葵花缘内。该镜整体纹饰铸造较为模糊，镜面稍凸。

162．花卉纹铜镜
宋

Bronze Mirror with Flowers, Song Dynasty

直径 11.6cm　重 128g

　　桥形钮，花形钮座。钮座外饰连珠纹一周，主题纹饰为花卉纹，花卉侧视，类莲花，每花均有忍冬叶纹与花苞衬托，其相互联结，围成一圈。该镜胎体较薄，仅有 0.1 厘米。镜面平坦，尚有光泽。

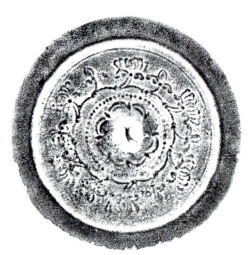

163. 葵花形"子善"飞仙花卉纹铜镜
宋

Bronze Lobed Mirror with Immortals and Flowers Made by Zi Shan,Song Dynasty

直径 10.4cm 重 215g

六瓣葵花形，小圆钮，花形钮座，主题纹饰为飞仙纹及折枝花卉纹。飞仙纹共两组，仙女双手捧物，头梳发髻，后顾。衣衫飘逸。折枝花卉造型复杂，有些瓜叶部分已演变为流云状。四组纹饰相间排列，缘内侧铸有"子善"铭文。

164. 蝴蝶莲花纹铜镜
宋

Bronze Mirror with Butterflies and Flowers, Song Dynasty

直径9.4cm　重90g

　　桥形钮，莲花纹钮座，花心呈放射状，花蕊为连珠状，花瓣由两层重叠，每层十一瓣。莲花外饰蝴蝶纹六组，素窄缘，纹饰模糊。胎体较薄，质地为黄铜。

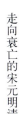

165. 葵花形"湖州"铭文铜镜

宋

Bronze Lobed Mirror with Inscription Beginning with Huzhou, Song Dynasty

直径 19cm 重 881g

六瓣葵花形，小圆钮。素面无纹饰。镜一侧有一方框，上书铭文："湖州真石家念二叔照子"。素缘。

湖州镜始铸于北宋晚期，盛行于南宋初期和中期。南宋湖州铜镜几乎都没有花纹，仅在镜背刻铸作坊主姓名等内容。这种招牌式的镜铭，是南宋私家铸镜的特点。1993年长沙市出土。

南宋湖州镜，从镜铭中看，以一家姓石的人家做得最多。现出土的铜镜镜铭中有石家、石小二哥、石二郎、石三、石十郎、石十二郎、石十三郎、石十五郎、石十五叔、石十八郎、石念二郎、石念二叔、石念四郎、石家念五郎、石三十郎、石四十郎、石六十郎等。此外，湖州还有李家、徐家、蒋家、石道人等所作铜镜。宋代男子称某某郎，妇女称某某娘，前面的数字则是同宗同辈按长幼排行的次序。

湖州石家铸镜多为子继父业，世代传艺，不仅从以上诸多的石家名号中可以看出，四川温江发现"湖州祖业真石家炼铜镜"，萧山发现"湖州石十五郎男四十郎炼铜照子"，武义曾发现"湖州承父石家十二郎照子"等，从镜铭中更能找到实例。

铜镜上往往又加铸"真"或"真正"的字样，有的还标明价格，说明当时也有仿冒名牌店铺的行为。如"湖州真正石家炼铜镜子"，"炼铜照子每两六十文"，"湖州真石三十郎家照子"，"无比炼铜每两一百文"。由此可知，南宋湖州镜是按重量计价的。从南宋湖州镜背面刻铸铭文看，其时对铜镜的称谓不一，或称"镜"，或称"监子"，或"镜子"、"照子"并称，而大多称"照子"。这是因宋人避讳甚严，赵匡胤之祖名"敬"，为避"镜"讳，改为"监子"或"照子"。期间，南宋绍兴三十二（1162年）朝廷规定"敬"字不避讳，而绍熙元年（1190年）重新颁布应避讳，如此，凡是铸刻"镜子"字样，或既铸"镜子"，又铸"照子"字样的湖州镜，就是这段时间的产品。

166. "亞"字形铭文铜镜

北宋

Bronze Quadrilobed Mirror with Inscription Beginning with Dong Jing, Northern Song Dynasty

直径15.6cm 重162g

　　"亞"字形，素面，缘凸起，中有铭文，有框，计十字分两竖行摆布："东京单家工夫青铜镜子。"镜面平坦，有锈蚀。

　　此镜为北宋时期铸造，铭文有广告作用。在北宋济南刘家针铺的商标印刷雕版上亦刻有"……造功夫细针……"的语句，该商标被视为我国最早的商标。此镜与它同期，为研究我国商业广告史有着重要的价值。铭文上"工夫"一词与"功夫茶"之功夫意同，为制造考究之意。

167. "湖州真石三十郎"铭文铜镜
南宋

Bronze Mirror with Inscription Beginning with Huzhou,Southern Song Dynasty

直径8.2cm　重87g

　　圆形镜，小圆钮，素面。上有铭文，计两组，均有方形外框，右部铭文曰："湖州真石三十郎家照子"，其左部铭文曰："无比炼铜每两一百文"。镜面平坦，镜缘上卷，酥粉严重。1987年长沙市烈士公园M2出土。

　　此镜为湖州所产，根据铭文内容可知，镜为三十郎家所造，并且还标出了价格，其铭文有一定的广告作用，由此可以窥见南宋时期商业的繁荣。

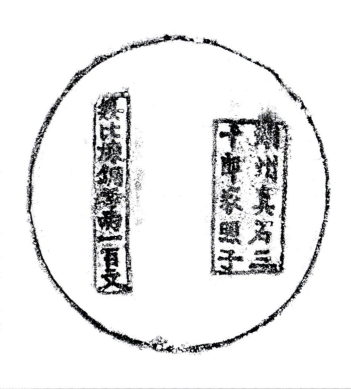

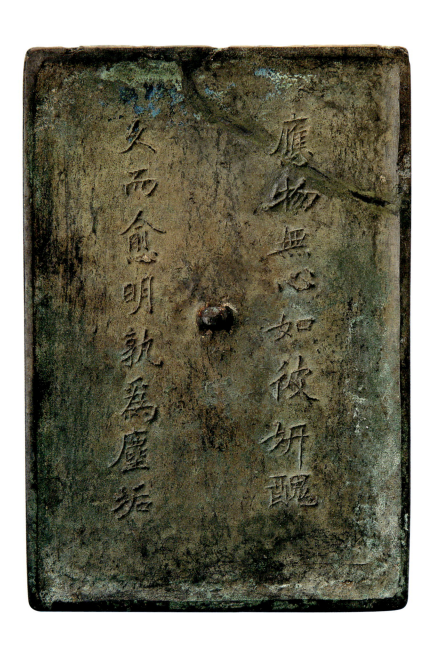

168. "应物无心如彼妍丑"铭文铜镜

宋

Bronze Rectangle Mirror with Inscription Beginning with Ying Wu Wu Xin, Song Dynasty

长 21.1cm　宽 14.8cm　重 707g

此镜呈长方形，桥形钮。镜背以阳文直书一副偈语："应物无心如彼妍丑，久而愈明孰为尘垢"，分列于镜钮两侧。

谈佛论偈是宋代文人士大夫的一种风气，也是宋代义理诗的来源。《宋史》卷一三一 志第八四："是时，濂、洛、关辅诸儒继起，远溯圣传，义理精究。"以佛教义理释儒家经典成为一时之风气。与之相呼应的是，宋诗也从唐诗的田园边塞诗风格转变为以义理诗为主流。

"应物无心"这幅偈语至今仍保留在广东省南华寺之内。

169. 盾形篆经双剑纹铜镜

宋

Bronze Heart-Shaped Mirror with Two Swords and Inscription Beginning with Zhuan Jing ,Song Dynasty

高 13.3cm　宽 9.5cm　重 294g

　　盾形镜，无钮，缘凸起，镜背下凹，上铸铭文及图像，中部有并置宝剑两把，其上有蚀洞。两剑之间夹有三足炼丹炉，中升起一团火焰，焰中有仙丹一枚。宝剑左右各置铭文一句，其右为："篆经千古□"，其左为："月影一堂宝"。此类镜湖南、江苏均出土过一枚，《中国铜镜图典》亦有收录，但镜铭不同，作："安明富贵，弗剑而镜。"

170. 菱花形"千秋金鑑"铭文铜镜
宋

Bronze Hexafoil Mirror with Inscription Beginning with Qian Qiu, Song Dynasty

直径17cm　厚0.5cm　重587g

　　六出菱花形缘，略凸其内有铭文一周，小桥形钮，无钮座，镜背铸有篆体铭文"千秋金鑑,勳业频看"，分两列排布，每列四字。镜背有较多的压痕及小圆坑，镜面稍凸，保存完好。

　　该镜沿袭了唐代菱花镜形态，铭文之"镜"字为避宋太祖讳，作"鑑"。其上之凹坑，俗称"蹋泥纹"为南宋时期所独有，其用途不祥，有学者认为它是镶嵌某装饰物残痕，但无实证可考。

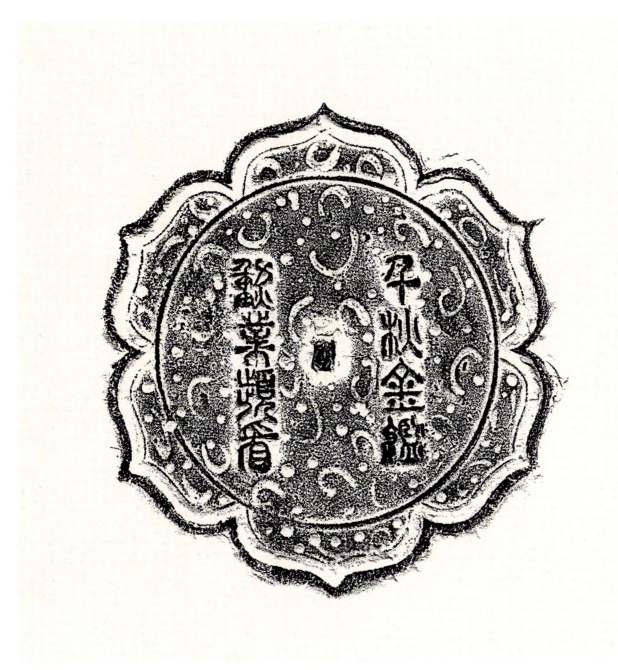

171. 双凤花卉纹铜镜
元

Bronze Mirror with Two Phoenixes and Flowers Made by Hu Dongyou, Yuan Dynasty

直径 16.2cm　重 266g

　　桥形钮，宝相花钮座，内区饰双凤纹，凤首呈回顾状，展翅，凤尾回旋飘逸，尾端卷曲。外区饰牡丹纹，花朵均为侧视，图案线条化。花以蔓枝相连，其间夹铭文，计两组，上方铭文曰："上等端正青铜镜"，下方铭文曰："吉安路城隍庙下礼巷内住胡东有作"。镜缘上卷，内侧饰卷草纹一周。

　　此镜产于江西吉安，元属吉安路。此镜的铭文透露出关于制镜者以及铜镜的相关资料，有着较强的广告意味。对研究元代的社会经济状况有着重要的价值。

　　同类器物在桂林市博物馆藏有一件。

172. "五子登科"铭文铜镜

明

Bronze Mirror with Inscription Wu Zi Deng Ke, Ming Dynasty

直径 14.7cm 重 556g

半球形钮，素缘，镜面铸有四字楷体铭文"五子登科"，每字饰有双重边框，镜面平坦，保存较好。

关于五子登科的典故，始出于后周窦禹钧教子有方，他的五个儿子仪、俨、侃、偁、僖先后考中进士。这个故事曾被录入蒙童读物《三字经》中："窦燕山，有义方，教五子，各俱扬"。但五子登科作为吉语是到明代才开始出现的，以此为题材的铜镜所见颇多，而且往往与吉祥图案一起出现。反映出明代科举制度对世俗社会与日常生活的影响。

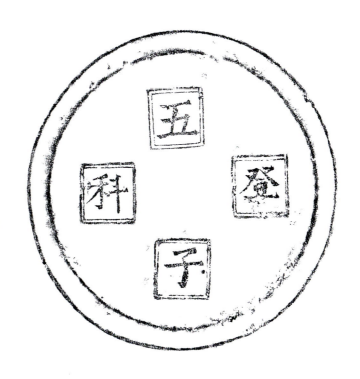

173. "洪武二十二年"云龙纹铜镜

明

Bronze Mirror with a Coiled Dragon Made in 1389, Ming Dynasty

直径11cm　重245g

　　山形钮，钮顶平。主题纹饰为一高浮雕龙纹，龙首居于钮座下方，龙吻高抬，毛发飘逸，身躯蜿蜒盘曲，前肢一前一后伸张，一后肢仅露五爪，另一后肢穿插于尾部，全身饰鳞纹，造型生动，气势凛然，周围饰有流云。地饰有不甚清晰的波浪纹。镜背左侧有铭文，有外框，状如官印，呈长条形，内容为："洪武二十二年正月日造"，字体为小篆。镜缘凸起，较厚，镜面略凸。

　　洪武为明太祖朱元璋年号，洪武二十二年即公元1389年。此式镜为明初所流行，传世较多。

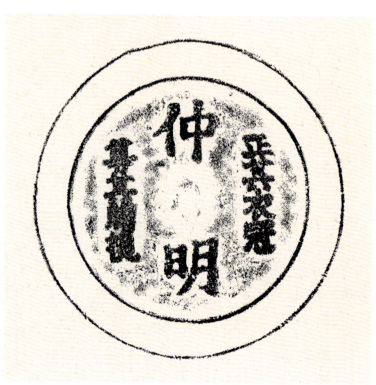

174. "仲明"铭文铜镜

明

Bronze Mirror with Inscription Zhong Ming, Ming Dynasty

直径 8.3cm 重 90g

　　半球形钮，上、下有铭文二字"仲明"。左右又饰铭文各一竖行，文曰："正其衣冠"，"尊其瞻视"，此语出自《论语·尧曰》。铭文外有一圈弦纹，镜缘上卷，镜面略凸。

227

175. 带柄龙纹铜镜

明

Bronze Mirror with Handle and Design of a Coiled Dragon, Ming Dynasty

圆径 11.2cm   柄长 9.17cm   重 315g

　　带柄圆镜，主题纹饰为高浮雕龙纹。龙首高昂，龙身如蛇状曲折，张牙舞爪，口吐火焰及宝珠，其形态与明"洪武"龙纹镜相似。镜面中心无钮，但有一枚方印，已模糊不清。镜柄高缘，中空。

176. 人物八宝纹铜镜

明

Bronze Mirror with Figures and eight treasures，Ming Dynasty

直径 12.2cm　重 287g

　　蟾蜍钮，无钮座。钮上装饰有寿桃，钮两旁为金饼纹，下方为仙草、花卉纹等，寿桃两边有一仙人进献，而另外一人伫立，之上为仙鹤飞舞，百宝纹与花卉纹旁旁均有二人手捧百宝箱，绫罗绸缎等。

　　明代在铜镜装饰题材较为偏向吉祥喜庆的图案，群仙贺寿等题材，凸显益寿延年此类吉祥的寓意。

230

177. 花钱纹铜镜

明

Bronze Mirror with Flowers and copper cash, Ming Dynasty

直径7.4cm　重73g

　　小圆钮，钮座四周饰方孔圆钱、犀角、元宝、磬各一件，其外饰有莲花、莲蓬、荷叶、三瓣草叶等纹饰十组，其形象写实，呈高浮雕状，无地纹。镜缘高窄，整个铜镜呈盘状。

178. "宝"字花鸟纹铜镜

明

Bronze Mirror with birds and Flowers and Inscription Bao, Ming Dynasty

直径 13.5cm 重 193g

圆柱式平钮，围宽边，钮顶似引文，内铸楷书"源兴铺"。镜钮上方有一硕大的"宝"字，以宽边圆围之。钮的右侧饰一柳树，枝叶稀疏，垂入江中。钮下方右侧的枝桠上停有一只鸬鹚，与左下侧的鱼鹰遥相呼应。钮之左侧飞来另外两只鱼鹰，其上的一只叼着一条鱼，整体背景隐隐为大河之畔，山水之间。镜缘高起。

宝字铜镜是明代出现的一种新的纹饰形式。

231

179. 方形"方正而明"铭文铜镜
清

Bronze Square Mirror with Inscription Beginning with Fang Zheng Er Ming, Qing Dynasty

直径8.6cm　重226g

　　无钮，镜背主题纹饰为铭文，内容为："方正而明，万里无尘，水天一色，犀照群伦。"后有一圆一方两枚篆文印章，圆章为"苕溪"，方章为"薛惠公造"。镜缘微凸。

　　湖州镜在铜镜铸造史上有着很高的地位，其中尤以薛家镜、石家镜最为著名。这面铜镜即为薛家镜。

180. 带柄双喜五福纹铜镜

清

Bronze Mirror with Handle and Design of Five Bats and Inscription Xi, Qing Dynasty

圆径13.9cm 柄长8.8cm 重210g

　　带柄圆形铜镜，柄素无纹，上有一圆穿。镜背中心饰以楷体"囍"字，囍字外有一弦纹将其圈住，弦纹外饰线描蝙蝠纹五组，蝙蝠形态匀称，作展翼状。柄上部饰有一方枚，铸铭文："湖州薛晋侯造"，胎体较薄，仅有0.2厘米。

　　该镜式在《中国铜镜图典》上收有一例，系湖南长沙采集，但铭文作："包换青铜"。本馆所藏的这枚铜镜亦为在长沙所征集，其铭文所提及的湖州薛晋侯应为仿宋湖州镜铭，非实际产地。

181. 仿东汉四乳龙虎纹铜镜

明

Imitation of the Han Dynasty Mirror with Immortals, Dragons and Tigers, Ming Dynasty

直径 11.8cm　重 255g

　　半球形钮，圆钮座，周围饰小连珠纹及弦纹。主题纹饰为龙虎及神人。龙虎呈半浮雕状，仙人有两组均做对视状。有铭文带，铭文被磨去，饰有弦纹及栉齿纹，镜缘上卷。1981年长沙市黄泥坑统建指挥部M15出土。

　　此镜为明仿汉镜，纹饰粗糙模糊，系用汉镜翻模制成。

182. 仿西汉"见日之光"铭文铜镜

明

Imitation of the Han Dynasty Mirror with Inscription Beginning with Jian Ri Zhi Guang, Ming Dynasty

直径7.1cm　重112g

　　圆形钮，略呈桥型，圆形钮座。座外以双竖线四方分割，之间以"の"纹装饰。其外接凸起的内向八连弧。主题纹饰为铭文："见日之光，长不相忘"。中间亦以的纹隔开。一方印叠压于铭文带之上："张小山造"。素平沿。

　　明仿汉镜并不是为了造假，这些仿古铜镜通常还会在镜面上加铸年号、作坊、匠师等文字，单纯是当时的崇古之情的体现。宋代金石学兴起以来无论宫廷还是民间对于仿造古代青铜器都有较多的尝试，宋代热衷于仿制殷周青铜重器和明代时兴仿制汉唐铜镜都是一时的仿古之风的具体表现。

后 记

　　长沙这座美丽的江南城市，拥有"山、水、洲、城"之地理，自然条件优越，有"楚汉名城、革命胜地"之美誉，历史文脉深厚。自古以来各种文化在这里碰撞与融合、创新与发展。春秋以来，楚拓土江南，至春秋中晚期，实有长沙，从此长沙社会经济有了长足的发展。战国时期，长沙为楚江南重镇，至战国中晚期，长沙已为楚国的战略大后方。先进的生产工艺和先进的思想文化推动了长沙社会经济的繁荣和发展，突破了礼制文化的束缚，社会动荡转型期文化艺术的创新，长沙迅速成为战国中晚期楚式铜镜的铸造中心。规范的铜镜形制，科学的合金比例，精美的纹饰工艺，详备的工艺体系和发展序列，标志着中国古代铜镜从稚朴走向成熟，形成了中国古代铜镜发展史上第一个高峰并极大地开启了后世铜镜的发展风向。

　　早在上世纪三四十年代，长沙楚汉文物已风靡全国；五十年代初，长沙楚汉墓考古发掘掀起了新中国文物考古工作第一个高潮；七八十年代以来，马王堆汉墓、三国吴简等重大考古发掘更是层出不穷，举世惊叹。铜镜是长沙市博物馆的特色藏品，其收藏有历代铜镜近500枚。2008年下半年，我从长沙市文物考古研究所到市博物馆主管业务工作，意欲对这批铜镜进行整理出版。至2009年上半年，即组织力量实施对铜镜的整理工作，期间又以较低价格成功地征集了数十枚战国到唐宋时期铜镜，包括直径达18厘米的唐代海兽葡萄镜和东汉鎏金龙虎纹镜。保管部的潘钰、李梦璋同志对这批铜镜的整理工作倾注了心血，查阅了原始出土单位，进行了分类、称重、拓片诸工作并对选入该书的180余枚铜镜撰写了详细的说明文字。王立华馆长对该书的框架体例提出了详尽要求并撰写了《长沙市博物馆馆藏铜镜综述》一文，对馆藏铜镜进行了类型式分析，最后通校了全书的文字与图照。在整理分析的基础上，我和潘钰同志又撰写了《中国古代铜镜及其思想文化概论》一文，试图从宏观上概述中国古代铜镜的发展历史以及蕴含在铜镜中的思想文化和艺术。我馆文物科技保护中心毛志平主任组织阳帆等同志对部分铜镜进行了修复保护工作。国家文物鉴定委员会委员、原湖南省博物馆馆长、研究员高至喜先生对所有入选铜镜进行了鉴定和定名、定代，仔细审定了全书的文字和图照，并作了热情洋溢的序言。可以说该书的整理和出版，离不开高先生的教诲和鼓励。每每请教之时，高先生均在办公室忘我地工作，高先生这种以古稀之年仍然对文博事业的执着和热爱的精神值得我辈敬佩和学习。同样，易家敏老师以古稀之年十分欣然地完成了所选铜镜和拓片的拍摄工作，在此谨向两位老师表示无限的敬意！我的老师李克能先生和于炳文先生对本书的编辑出版倾注了大量的心血，在此表示衷心的谢意！

　　本书的出版过程中，还得到了长沙市文物局以及我馆同仁刘瑜、张海军、胡德元、周自如、杨德兴、唐德强、盛强、罗欣、唐海花等同志的帮助和支持。英文翻译由唐羲完成。在此一并致谢！

2010 年 11 月 20 日于清水塘